ここまで解けた
縄文・弥生
という時代

Yamagishi Ryoji
山岸良二

KAWADE夢新書

装幀◉こやまたかこ
地図版作成◉新井トレス研究所

縄文・弥生の最新研究の成果とは——はじめに

かつて「考古学」といえば、発掘現場でシャベルやヘラ・刷毛（はけ）などを使って泥まみれになりながらコツコツ作業するイメージでしたが、現在は、日進月歩のスピードで研究が進化しています。

日本全体の発掘調査件数は、一九九七〜九八（平成九〜一〇）年頃のピーク時には一年中全国どの県でも必ず発掘調査が実施されている状況でした。さらに五〜一〇年間という長期間かけて、東京ドーム三〜五個分という数ヘクタールを超えるほどの広大な面積を、ダンプ何百台、二〇〜三〇連というベルトコンベアー、一日の作業員何百人という、「長広大」と呼ばれた大規模な体制を駆使した発掘調査が全国各地で実施されていました。

東名高速自動車道、新東京国際空港、東北新幹線、多摩ニュータウンなどは、このような「長広大」発掘調査終了後に建設されています。

その後、日本経済の低迷化に伴って大規模な開発事業も急減しています。そのため首都圏のある県では、急増する発掘調査に対応するため公的な「地区文化財センター」を多数創設したものの、二〇一〇(平成二二)年以降、その多くが解散解消に追い込まれています。

しかしながら、この間考古学の周辺科学では目覚ましい進歩進展を示しています。中でも、自然科学方面からの年代測定技法には「弥生時代が五〇〇年古くなる」「縄文土器は世界最古の土器になる」と大きく報道された「放射性炭素C14年代測定法」に代表されるものは有名です。

それ以外にも、発掘調査時に「未盗掘古墳」として豊富な遺物類や、二体の人骨が注目された奈良県藤ノ木（ふじのき）古墳について形質人類学方面からの新知見も大きく報道されています。また、「レプリカ法」と呼ばれる土器の表面に残されている「植物痕」を詳細に分析することで、その時代の食料事情が子細（しさい）に解明されています。

このような大きな変化、実績が際立っている「縄文」「弥生」時代に焦点をあてて、極力一般の方々にわかりやすく、この二つの時代の最新状況を解説しようと意図したものが本書です。多くの読者が本書を契機に、「考古学の面白さ」「遺跡の素晴らしさ」「遺物の奥深さ」を少しでも感じていただければありがたいかぎりです。

二〇二二年　一昨年初の弥生住居が発見された習志野市で

山岸良二

ここまで解けた　縄文・弥生という時代／目次

1章　人類はいかにして日本列島に進出したのか

2章 海を渡り、穀類を栽培…解明が進む縄文の生活

3章 弥生の文化・技術から鮮明になった大陸との交流

4章 邪馬台国を証明する弥生の遺跡はどれか

5章 考古学の成果と未来への課題

1章 人類はいかにして日本列島に進出したのか

最古の人類とは

一九九四(平成六)年、日本の発掘調査団がエチオピアで発見したのが、ラミダス猿人(アルディピテクス・ラミドゥス)で、最古クラスの人類と考えられ、年代的には約四四〇万年前と考えられています。

しかしその後、二〇〇一(平成一三)年、中央アフリカのチャドで発見されたサヘラントロプスが約七〇〇万年前の最古人と認定されて、脳容量が三二〇〜三八〇ccで直立二足歩行していたと推定されています。

このように、人類が猿などと特段に異なる特徴とされている「直立二足歩行」を基準に考える場合に、現在ではこの七〇〇万年前が最古となっています。

つまり人類の進化は「猿人段階(約七〇〇万年前から二四〇万年前)→原人段階(約二四〇万年前から一〇万年前)→旧人段階(約七〇万年前から八万年前)→新人段階(約二〇万年前から)」というプロセス過程が確認されています。

これは直列的な進化ではなく、あくまでも各進化段階を示すものです。それぞれの段階を見ると、猿人段階では化石頭蓋骨の復元から「ごく簡単な言葉や表情が表現できた」のではないか。原人段階では「咽頭部が小さく舌が長いので、赤ちゃん言葉くらいはしゃべれたか」「打製石器と火を使用」していたのでは、と思われています。そして旧人段階では「咽頭部の壁と舌の筋肉発達で言葉を発していた」、さらに地球が氷河期に入り「剥片石器や毛皮を使用」するようになっていったようです。

次の新人段階となる今の我々と同じ現生人類は、アフリカ南部に約二〇万年前に定住し進化して、その後各地へ拡散していった「アフリカ単一起源説」が、今では有力となっています。

北京原人発見の衝撃

最古の人類を求める研究がアフリカで盛んになる前の二〇世紀初頭に衝撃的な発見がアジアの一角から報告されました。

一九二一(大正一〇)年、中国・北京の郊外、周口店の竜骨山から古い「人歯」が発見されたのです。古くから、中国では「竜骨」と呼ばれるサイ、ウマ、ブタ、シカなどの動物化石が漢方薬の一つとして珍重されてきました。これらの竜骨内に時折「人歯」「人骨」が混在していることに着目していたのが、北京在住のアンダーソン(スウェーデン人)で、彼は知人のズダンスキー（オーストリア人）にその産地を探る調査を依頼していたのです。

その場所こそ、北京から車で約一時間の周口店竜骨山でした。周口店の近くには、のちに有名となる「盧溝橋（ろこうきょう）」があります。日本からの観光客はよくこの橋の見学ツアーにはいきますが、周口店まで足を伸ばす方は少ないようです。

周口店で「人歯」が発見されたのは、第四地点と呼ばれる、約五億年前の石灰岩洞窟内で、たいへん古い地層内でした。

このため、一九二七（昭和二）年からデビッドソン（カナダ人）と中国側研究者が合同で、本格的な発掘調査を始め、二年後、約四〇メートル掘り下げた地点で「男子小児頭蓋骨」を発見しました。その地層は約五〇万年前と思われる土層で、その後小児男、成人女、成人男など続々と人骨が発見されたのです。

この洞窟内では、火を使った跡やハト、シカ、ダチョウ、サイ、クマなどの骨や石器類も多数発見されていますが、これらの骨は詳細に見ると、動物類を食用とした跡と見られている一方で、逆に原人が動物に襲われ、運び込まれたと考えられる跡も見られました。当時の原人らが日々苛酷（かこく）な生活環境にあったことがうかがえます。

謎の北京原人失踪事件

一九三七（昭和一二）年、盧溝橋事件をきっかけに日中戦争が勃発しました。北京原人の発掘調査を実施した北京の協和医学院（現在の中国首都医科大学）は、アメリカ・ロックフェラー財団から資金援助がおこなわれていましたので、戦争激化を懸念して、貴重な北京原人の骨をアメリカに避難させることにしました。

具体的には、一九四一（昭和一六）年一二月に木箱に厳重に梱包してアメリカ船ハリソン号で運搬する段取りを進めます。北京郊外秦皇島の埠頭出発予定は、一二月八日でした。

そこで、一一月中に梱包完了して配船を待機していましたが、この一二月八日、真珠湾攻撃で日米開戦、太平洋戦争勃発となり、秦皇島埠頭も日本軍の占領状態となりました。ここに「謎の北京原人失踪事件」が勃発します。この混乱の中で、忽然と「北京原人木箱」は消失したのです。

そのため、アメリカでは一五万ドルの懸賞金が懸けられたりしました。戦後すぐに、北京協和医学院にも在籍していたワイデンワイヒ博士がアメリカの自然史博物館刊行学術誌に「北京原人の頭骨」という論文を発表しています。その内容が、あまりに精緻なため「とても石膏模型だけで分析」されるものではないという指摘も出されたほどでした。

その一方で、日本では一九四五(昭和二〇)年一二月には占領軍であるGHQが東京大学人類学教室を突然捜索する事態も起こりました。この時、教室に侵入してきた米兵は口々に「ボーン」「ヘッド」と叫んでいたそうです。米国は日本側が持ち帰ったと考えたようです。

中国本土でも国共内戦が終了した一九八〇年代に、本格的な発掘調査が再開され、中国人研究者の手で全身骨格が新たにいくつも発掘されています。

消失した最初の「北京原人骨」は、今日現在なお発見されていませんが、周口店遺跡は一九八七年「世界文化遺産」に登録されています。

日本列島で発見された古い人骨

かつて日本列島では多くの「化石人骨」(日本最古クラス)の人骨発見が報告されていました。しかしながら、例えば栃木県葛生(くずう)人骨は中世以降の人骨、愛知県牛川(うしかわ)人骨はそもそも人骨ではない、静岡県三ケ日(みっかび)人骨は縄文人とされ、出土遺跡も県史跡解除となりました。

また、兵庫県明石(あかし)人骨は現代人に近い人骨、大分県聖嶽洞窟(ひじりだきどうくつ)人骨は中世人骨と訂正修正が報告されています。

そのような中、沖縄県港川(みなとがわ)人骨、山下町洞窟人骨、ピンザアブ人骨などが明確な一万五〇〇〇年以上古い骨と確定しています。

港川人は地元の民間人である大山盛保(せいほ)が一九六七（昭和四二）年に港川の石灰岩崖で約一万八〇〇〇年前と推定される「港川人骨」を複数発見しました。最終的には十数体にのぼることがわかり、完全なものは男性一体、女性四体と確認されました。特徴としては、中国広西省柳江人(こうせいしょうりゅうこうじん)と近似していたことが指摘されました。

二〇一六（平成二八）年、沖縄県新石垣空港建設に伴う白保竿根田原(しらほさおねたばる)洞窟遺跡で出土した人骨についての情報が公表されました。同洞窟からは約一〇〇〇点以上の人骨が出土しており、それらは十数体になると推定されていましたが、同骨を最新のＤＮＡ解析法で調べた結果、約二万六〇〇〇年前という数値が出ました。

これは、同じ沖縄県ですでに解析されている約三万六〇〇〇年前の人骨に次ぐ古さとなります。しかも、白保の人骨は遺伝子型が東南アジアのそれと共通していることもわかりました。

二〇〇〇年代になり、ミトコンドリアＤＮＡ分析法を使った遺伝分析学と考古学分析との研究から、現生人類のアジア地域への進出は、約五万年前以降であったことが指摘されています。

次に日本列島への進出については、現在サハリンから北海道、津軽海峡に至る「北ルート」、中国大陸から当時陸化していた朝鮮海峡を渡る「西ルート」、中国大陸から台湾、南西諸島を伝わる「南ルート」が想定されています。今後、これらのルートに関連する研究が進むと予想されています。

しかしながら、このDNA自体が、温暖な地域ではバクテリアに侵食されやすいため、残存率が低いことが課題です。

岩宿遺跡発掘からねつ造事件まで

北京原人やジャワ原人の発見で、戦前の日本では、同じような古い文化人種が存在していたかどうかを調べる研究がわずかながら一部でおこなわれていました。

戦後まもない一九四六（昭和二一）年、海軍から復員した相沢忠洋(あいざわただひろ)青年が群馬県岩宿(いわじゅく)で偶然一片の旧石器を発見しました。三年後に明治大学が本格的な発掘調査でこれを正式に確認し、日本における「旧石器研究」が始まります。

岩宿遺跡の予備調査風景（A地点）／1949年（明治大学博物館所蔵）

しかし、国内出土の石器を欧米やアジア地域のそれとどう比較していくかという点で、学会内での対立が徐々に拡大化していきます。

その後、東北大学グループが精力的に、かなり古くなる「前期旧石器」遺跡を連発で発掘し、その年代も「今から二〇万年前」「三〇万年前」と驚異的な数値が示されていきました。そこに起こったのが、二〇〇〇（平成一二）年の「旧石器ねつ造事件」でした。東北大学グループに所属する一人が、意図的に石器を土層に埋めていたのです。

この事件が発覚する直前の一九九九（平成一一）年には埼玉県秩父（ちちぶ）市長尾根（ながおね）遺跡で約三五万年前の旧石器、翌年には同じく同市小鹿坂（おがさか）遺跡で約五〇万年前の生活遺構と旧石器が出土しました。そのため、秩父市では市制五〇周年記念の「秩父原人祭」と関連させ、ドイツから旧石器研究者を招聘(しょうへい)して「前期旧石器フォーラム」まで開催しようとしていた矢先の出来事でした。

これを受けて、その人物が関係した遺跡を再調査した結果、なんとすべてが「クロ」と認定されたのです。この衝撃的な結果で、日本における旧石器研究は五〇年も遅れたといわれ、それだけではなく、考古学全体への懐疑感も増加することになりました。

現在では、日本列島の旧石器時代は古くても約一万八〇〇〇年前~二万五〇〇〇年前ぐらいとなっています。その意味でも、ＤＮＡなどの「人骨研究」が重要な要素となっています。

2章 海を渡り、穀類を栽培…解明が進む縄文の生活

「縄文土器」の発見

「高輪築堤」とエドワード・モース

東京都の南側に所在する大森貝塚の発掘者として有名なアメリカの海洋生物学者エドワード・シルベスター・モース博士が来日したのが、横浜から新橋へ「陸蒸気鉄道」が開通してまもない一八七七（明治一〇）年六月のことでした。

モース博士はこの蒸気機関車に乗って東京に向かう途中、大森付近の崖面に貝が集中的に散布しているのを見つけます。彼はアメリカで参加した貝塚調査の経験の知見から、これが間違いなく原始人の貝塚遺構であると断定しました。現在、この日本で初めて開通した「陸蒸気」鉄道の軌道跡が東京都港区にある「高輪ゲートウェイ駅」周辺の開発工事で一〇〇年ぶりに発掘されています。

しかしながら、開発側のＪＲ東日本は延べ一・八キロ以上にもなる「高輪築堤」跡遺跡について、途中の一二〇メートルのみを保存する提案をしています（二〇二一年七月現在）。

これに対して、地元では「高輪築堤の全面保存を求める会」などの団体がいくつも結成されて、世界遺産クラスのこの遺跡をできるだけ保存しようとする運動が起こっています。

話を戻すと、モース博士は当時アメリカ東海岸マサチューセッツ州ピーボディーの水族館に勤務する海洋生物学者で、専門は「シャミセン貝」の研究者でした。この「シャミセン貝」（形状が三味線に似ているためにこの名称がつけられた。正確には貝ではなく腕足類（わんそくるい）に属する）が主に太平洋西岸アジア大陸から日本列島に生息しているため、その採集と資料収集を目的に来日したのです。

大塚貝塚遺跡庭園内のモース博士像（著者撮影）

当時、全米でモース博士の名声は広がっていたため、明治新政府は近代化のため、すでに多くの「お雇い外国人」を各方面で依頼していた関係から、東京大学でモース博士に「生物学」「動物学」の講義を強く依頼要請していました。

しかし、当時のモース博士は「進化論」推進論者として著名なため、全米各地でこの新説普及のための講演会を開催していました。このため、当初の政府側からの依頼は拒否されましたが、ここで新政府側の提案が「モース博士が教壇に立っている間に、江の島に設立した海洋研究所で助手らがシャミセン貝を採取する」という条件でした。

最終的に博士は東京大学で教授することを引き受け、大学での講義の合間に、学生たちを連れて何回か「大森貝塚」の発掘調査を実施することになります。発掘結果は、予想以上に豊富な内容で大量の土器、石器、人骨、貝類、獣骨が出土しました。

「縄文土器」の由来

調査後、モース博士は『発掘調査報告書』を英文でまとめますが、その中で出土した一連の土器群に対していろいろ悩んだ末に英語で「コードマークドポタリー」(縄・紐つき土器)と命名しました。

大森貝塚の時期は、現在の研究では縄文時代中期から後期と呼ばれる、土器の表面に「縄目文」が最も付けられた時期であることから、縄目紋が強調されていた時期に合致しています。ここの報告書を若き明治天皇がご覧になることになり、急きょ文部省と宮内省とが英文を邦文に翻訳しました。先述した英文土器名をいろいろ模索しながら翻訳して、最終的に「縄目紋・縄文・縄紋土器」と呼称されることで落ち着いたのです。

つまり、現在日常的に使用している「縄文」の名づけ親は、あのモース博士ということになるわけです。

モース博士が東京大学で授業を始めた頃、大学の所在地は現在の千代田区神田（かんだ）にある学士会館のところで、「お雇い外国人教師」の宿舎が今の本郷東京大学のところでした。このため、毎日人力車で本郷から竹橋へと通っていましたが、体重一〇〇キロを超えるモース博士を乗せて、御茶ノ水から本郷への坂道は、車夫にとって重労働だったようです。ここで、モース博士が必ず下車して「神保町あたりで買い物するから」といっていたとの逸話も残っています。汗だくで苦労する車夫への思いやりからの行動のようです。

品川区側の大森貝塚碑（著者撮影）

進化論については、日本でも評判となり、浅草の老舗旅館などで何度も講演会が開催され、その宣伝案内が新聞に載るや、たちまち満席となっています。それほど、博士の講演が弁舌爽（さわ）やかでエネルギッシュだったようです。

大田区側の大森貝塚碑
（著者撮影）

日本在日中に、モース博士は精力的に日本の物品類を集め、何回かに分けてアメリカへ送っていました。モースコレクションと呼ばれ、ホウキ、火鉢、茶碗、箸、かんざしといった日常品からコオロギ、押し花といった珍品類にも及んでいます。今、明治の日本を知る最良の遺物類となっています。

貝塚と土器研究の最前線

一〇〇年以上発掘が続く超大型遺跡・加曽利貝塚

縄文貝塚は全国に二四〇〇か所分布していますが、房総半島を中心とする千葉県、茨城県、東京都、埼玉県に約四割以上が集中しています。中でも、千葉県は日本で一番多く約一二〇か所の貝塚遺跡が発見されています。主な例でも、東京湾沿岸地域で堀之内、曽

縄文時代の海岸線

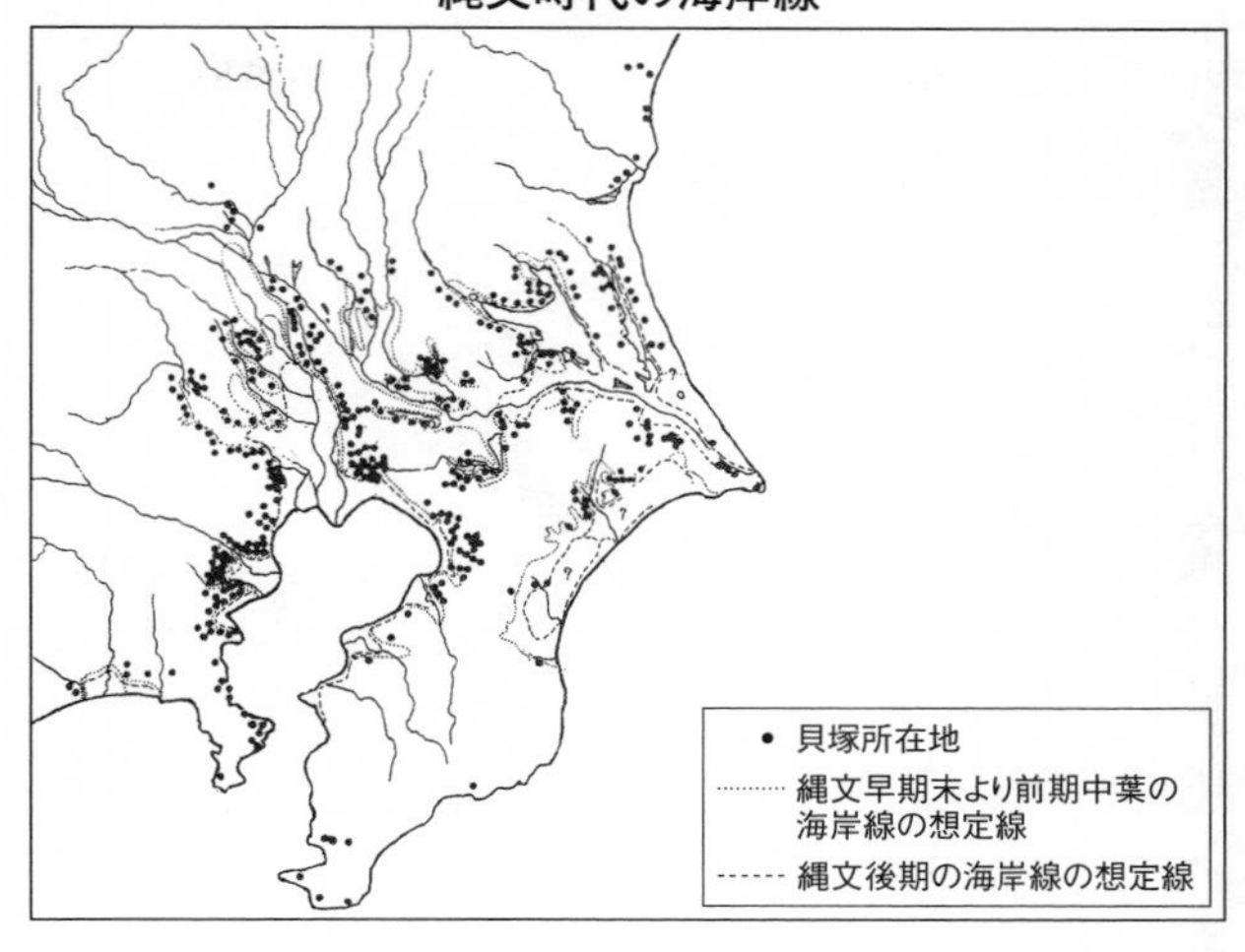

谷、姥山、古作、飛ノ台、藤崎堀込、荒屋敷、祇園原、三直、西広貝塚、九十九里浜地域で山武姥山、久方、小田部貝塚、利根川地域で良文、阿玉台、余山、三輪野山、子和清水貝塚などが知られています。

そして貝塚遺跡の代表格が、最近国史跡となった千葉県加曽利貝塚です。

モース博士の大森貝塚発見から一〇年後の一八八七（明治二〇）年、すでに「下総国千葉郡介墟記」を『東京人類学会雑誌』で上田英吉が報告し、加曽利貝塚の存在を広めることになりました。一九〇七（明治四〇）年、東京人類学会が遠足会として同貝塚を選び、初めての発掘調査が実施されたのです。当時の発掘は「珍品奇品漁り」の風潮が強かった

加曽利貝塚の最新調査風景（著者撮影）

ので、それでも「本邦第一の貝塚」として大規模な貝塚という認識が確定されました。

一九二四（大正一三）年、東京帝国大学人類学教室が本格的な発掘調査を実施しました。この調査に参加したメンバー内に山内清男（やまのうちすがお）ら若手の考古学研究者がおり、出土した縄文土器の詳細な分析を実施しました。貝塚内の地点を、AからE地点に分けて調査し、この結果から、出土地点がB地点で発見された土器を「加曽利B式」、E地点で発見された土器を「加曽利E式」と命名しました。

そして、当時、すでに知られていた千葉県市川市堀之内貝塚発見の「堀之内式」土器も加えて、出土土層の上下関係から「加曽利E式→堀之内式→加曽利B式」という土器編年を確立しました。この編年が、のちに全国的な「縄文編年」作成の基本となり、今日まで各地域で整備されています。

戦後になり、一九六二（昭和三七）年から同貝塚周辺も住宅開発が進捗し、貝塚が破壊される危機が迫ると「加曽利貝塚保存」活動が盛んとなり、早稲田、明治、慶應義塾大学などが合同で発掘調査が実施されました。

この一連の発掘調査で発見された住居跡群は現在復元され、さらに貝層断面は、大きな覆屋建物を作ることで、野外観察できる施設となっています。この結果、直径一四〇メートルの縄文中期北貝塚、長径約一九〇メートルの縄文後期南貝塚が確認され、現在では国特別史跡に指定されています。しかし、現在まで発掘調査された面積は全体のわずか八パーセントにすぎません。

千葉県加曽利貝塚入口（著者撮影）

発見された遺構で特に注目されたのが、東斜面で検出された直径二〇メートルを超える「超大型竪穴式住居」で、同県でも佐倉市吉見台遺跡で同クラス（直径一九メートル）の住居跡が発見されています。この吉見台遺跡では、多量な土偶と器台形土器や「鳥の絵が線刻された土器」が出土して有名になった遺跡です。

加曽利で出土した貝の種類は約七〇種類で、全体の八割が「イボキサゴ」でした。出土遺物の中では「動物の骨・角・牙で製作された漁労具」「土偶」「独鈷石（58〜59ページ参照）、石棒などの特殊石製品」「オオツタノハ製（南洋産の貝、県内では習志野市内の東邦考古学研究会にも保管されています）貝輪」などがあげられます。

現地では、国特別史跡指定を受けて二〇一七（平成二九）年から第一六次となる再発掘調査が毎年実施されています。

動物儀礼の跡や高度な装飾品を発見

同じ千葉県で近年注目されているのが、同じく国史跡となった船橋市取掛西貝塚です。台地上に縄文早期から前期にかけて集落が構成されたもので、早期の住居跡からは汽水性ヤマトシジミが主体で、その貝層下からイノシシ頭蓋一二点、シカ頭蓋二点がきれいに並べられ、周囲には火を使った跡も発見されました。なんらかの狩猟に関係する「動物儀礼」がおこなわれた跡と推測されています。さらに、貝層中からは動物の骨を加工した魚針、サメ歯を加工した装飾品、ツノガイをビーズ状に加工した装飾品など、当時の縄文人技術の優秀さがわかる遺物が多数出土しました。この遺跡は、ヤマトシジミを主体とする貝塚で東京湾東岸部最古で、動物儀礼跡も最古例という貴重な貝塚遺跡となります。

直径一五〇メートルを超える大規模貝塚ながら、発掘調査で土壌を含む貝層をすべて回収してフルイにかけて、すべての微細な遺物類までを水洗分析する「メッシュサンプリング法」を採用したのが、市原市西広貝塚です。この緻密な整理分析法は、慶應義塾大学などが茨城県上高津(かみたかつ)貝塚遺跡などで採用し、その後各地の発掘調査で実施されています。

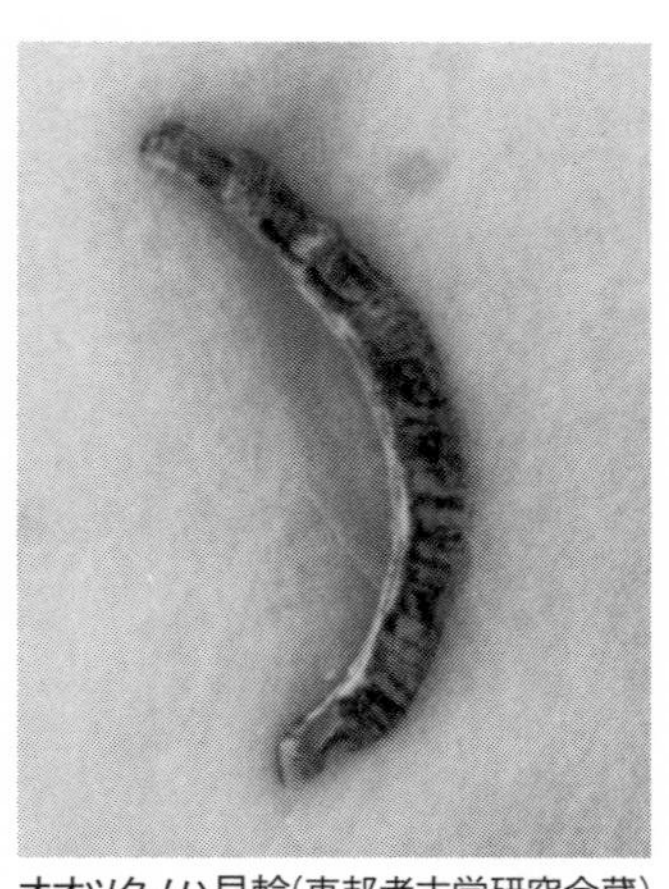
オオツタノハ貝輪(東邦考古学研究会蔵)

つまり、貝層内のすべての遺物が採取できる方法です。

西広貝塚では、この結果「動物骨、角、牙素材装身具」約五〇〇点、「貝製装身具」約三二〇〇点も検出され、素材には「シカ、イノシシ、オオカミ、クマ、ウ、イルカ、アシカ、ウミガメ、サメ、タカラガイ、イモガイ、ツノガイ、オオツタノハ」が確認されています。

貝と同様に土器の出土量が約一三〇〇キロという膨大なものだったのが、千葉県三輪野山貝塚で後期から晩期まで形成された貝塚です。検出した範囲から、「盛土型環状貝塚」となる可能性が指摘されています。同種の例として、同県吉見台遺跡でも検出されており、後述する「環状盛土遺構」と共通する縄文人の指向性かと思われます。

縄文時代に遠隔地と交易がおこなわれていた⁈

貝層の厚さで注目されたのが東京都中里貝塚です。一九九六（平成八）年から本格的な発掘調査が実施され、縄文時代中期から後期に属する最大四・五メートルの貝層が長さ約一キロ、幅約七〇〜一〇〇メートルという規模で検出されました。

焼けた石を投げ入れて水を沸騰させ、貝のむき身をとったと思われる土坑、焚火跡、木道跡なども検出されていますので、研究者によっては「干し貝」を交易用に生産し、遠隔地からの黒曜石と交換していたとする説も出されています。この黒曜石の産出地として、古くから注目されていたのが長野県星ヶ塔遺跡で、一九〇か所を超す縄文時代採掘坑跡が発見されています。

一方、埼玉県でも神明貝塚は後期前半に位置するものです。江戸川沿いの下総台地上に

千葉県市川市曽谷貝塚出土の貝（東邦考古学研究会蔵）

形成された馬蹄形貝塚（東西一六〇メートル、南北一四〇メートル）です。一九六一（昭和三六）年に県立浦和第一女子高等学校の発掘調査を皮切りに、これまで一二回調査され、住居跡三一軒、土坑三六基、墓坑五基、焼土跡三八基が確認されています。なお、浦和第一女子高校は考古学専門の郷土部顧問が精力的に発掘調査に高校生を引率して、県内の霞が関遺跡など主要遺跡調査に参加してきました。

神明貝塚出土の貝殻は九九パーセントが汽水性のヤマトシジミで、他にわずかながらカキ、ハイガイ、ハマグリも発見されています。魚類は淡水性のコイ、ドジョウ、ウナギや海水性のイワシ、ボラ、スズキ、クロダイなどのほか、産卵のため当時としてはかなり湾奥となるこの地点まで遡上してきたトラフグも確認されています。面白いのは、クリ、クルミ、ダイズなどの炭化物が発見されていて、周辺からもクリの花粉も検出されているので、この縄文人らが植物資源を大量に摂取していた可能性が指摘されています。このように、最近の貝塚調査研究はさまざまな自然科学分析を駆使して、当時の生活復元に努めています。

東北では大きなマグロ骨が出土

「東日本大震災」復興事業に伴う発掘調査では、大被害を受けた宮城県女川町（おながわちょう）の標高四〇メートル、湾から七〇〇メートル離れた内山遺跡が調査されました。この遺跡は縄文中期〜後期の集落遺跡ですが、その小貝塚からはカキ、ハマグリやシカ、イノシシそして大量のマグロ骨が発見されています。同じく、同県気仙沼（けせんぬま）市標高二四メートルの波怒棄館（はぬきだて）遺跡でも、貝塚内から大量（重量一四〇キロ以上）のマグロ骨が出土しました。推定二メートルを超える大物や、三〜八個の椎骨（ついこつ）が連結状態で出土しました。

西日本に目を移すと、岡山県彦崎（ひこざき）貝塚は戦前から知られていた遺跡で、戦後の一九四八〜四九（昭和二三〜二四）年の調査で、縄文前期の人骨が三〇体以上発見されました。二〇〇三〜〇四（平成一五〜一六）年の最新調査では、前期から後期まではマガキ主体の貝、前期は他に小型ハイガイ、晩期はハイガイが多く出土しています。注目されたのが、「動物埋納(まいのう)土器」で深鉢(ふかばち)土器内にシカやイノシシ頭骨がいれられた状態で出土している例です。

佐賀県東名(ひがしみょう)遺跡では六つの貝塚が発見され、その周辺で「ドングリ貯蔵穴」が一〇〇以上伴い、さらにさまざまな種類の「編みカゴ」が四〇〇点以上も出土しています。この「編みカゴ」には木を割いて編んだもの、ツル植物で編んだものなどいろいろで、これで貝類やドングリを運んでいたのです。この遺跡は縄文早期代にあたるもので、貝類はヤマトシジミ、アゲマキ、ハイガイ、カキに限定されているので、縄文人らが意図的に選択して採取していたと思われます。

クリを「栽培」していた縄文人

縄文人の生業研究で、最近注目されているのが「クリ」などの栽培で、青森県三内丸山(さんないまるやま)遺跡で確認されて以降、各地で同様な事例が報告されています。

以前から、縄文人らが森で「堅果(けんか)類」（ドングリ、シイ、カシ、クルミなど）を採取してきた可能性は指摘されていました。しかし、これらは食用にする場合「アク抜き」をしなければとても口にできません。

栃木県寺野東(てらのひがし)遺跡は環状盛土遺構が見つかり有名になった遺跡ですが、ここで「水さらし場」遺構も発見されました。河川や湧水の水流がある程度たまる場所を、木板で仕切り、堅果類を袋にいれて何日間かさらしておくようにする作業場です。磨石（すりいし）や石皿（いしざら）を使ってトチなどのアク抜きをしたり、外皮を剥いだクルミの水洗をしたりする場でもあります。その後、埼玉県や千葉県でも同様な遺構が発見されています。

長野県栗林遺跡では水さらし場付近の貯蔵穴から、クルミ二九七点が石皿、磨石と一緒に出土しています。全部で七八か所見つかった貯蔵穴ですので、推定するとクルミ五万個以上、それは六人家族二か月分以上の食料資源となります。

縄文人が作った「落とし穴」とは

縄文時代の狩猟についても、かつて東京都や神奈川県の山間部遺跡を対象に「落とし穴」の形態分類が実施され、狩猟方法の研究が深化しています。けもの道を意識して、その道上に巧妙に「落とし穴」を設置していたことがわかっています。

東日本大震災の復興道路関係の調査である岩手県豊間根新田（とよまねしんでん）Ⅰ遺跡では、縄文前期から中期に属する「落とし穴」二八〇穴が発見されました。溝状に長く掘った形、円形、小判状形と大きく三種確認され、すべての穴底に小さな穴が穿（うが）ってありました。たぶん、逆茂（さかも）

木のようなものが刺さっていたようです。

大分県諫山遺跡でも約四〇基の「落とし穴」が発見され、穴底に小さな穴がいくつも検出されていました。やはり「逆茂木」のようなものが刺さっていたようで、列島の東西で同じ狩猟法が採用されていた点が興味深いといえるでしょう。

環状盛土遺構とストーンサークル

貝塚研究の進展と並ぶように、近年、縄文集落研究で注目されているのが「環状盛土遺構」です。集落の一部に、環状に「盛土」を巡らせて、その中央窪地部で何か儀式、儀礼を執りおこなったのではないかと推測されています。北海道では早い時期に作られ、青森県三内丸山遺跡では中期に、関東には後期に多くの事例が報告されるようになりました。栃木県寺野東、中根八幡、埼玉県氷川神社、長竹、馬場小室山遺跡などでは、盛土と窪地の比高差一・五〜二メートルにもなり

千葉県井野長割遺跡全景（著者撮影）

秋田県大湯環状列石（著者撮影）

ます。

千葉県で国史跡指定となった井野長割遺跡は一九六九（昭和四四）年、慶應義塾大学が初めて発掘調査し、その後同大学が継続して調査を進め、盛土遺構を検出、さらにその下部から後期中葉の住居跡や土器塚などを発掘してきました。

この時、住居跡床面から竹で編んだスノコ状敷物が発見され、液状接着剤を注入して保存処置をしています。この処置は、今では全国的に実施されている方法です。また「異形台付土器」という特殊土器も二点出土しています。

一九九八（平成一〇）年からは印旛郡市文化財センターが発掘調査を引き継ぎ、その結果、後期～晩期代の五つの盛土に囲まれた南北約一六〇メートル、東西約一四〇メートルという規模の「環状盛土遺構」を確認、住居跡も一〇軒以上、土坑二〇基以上、ヤマトシジミの貝塚も発見されています。

この「環状盛土遺構」については、夏至や冬至の太陽出没点を意識した盛土造成、古い住居を廃棄して新住居を建てるための盛土造成という仮説があります。

実は、縄文時代には「環状列石ストーンサークル」が古くより注目されていました。著名なのが、秋田県大湯遺跡で戦前の一九三一（昭和六）年に偶然発見され、戦後の一九五一～五二（昭和二六～二七）年に本格的な発掘調査が実施され、同年早くも国史跡になっています。万座、野中堂の二つの環状列石で構成され、周辺に環状配石遺構、配石遺構群が発見されています。これまでの調査で、縄文時代後期の墓域と考えられています。

秋田県伊勢堂岱遺跡は新空港建設に伴う道路工事で発見され、環状列石遺構の素晴らしさから保存となった遺跡です。キノコ形土製品など呪術的な遺物が多数出土しています。

北海道忍路遺跡にも立派な環状列石遺構が発見されています。二〇二一年の世界遺産登録では、以上の環状列石遺跡も多数含まれています。

土器の「編年」体系の構築

モース博士が先鞭をつけた「縄文土器」の研究は、大正時代に東北大学の松本彦七郎が、仙台湾に面する宮城県里浜貝塚の調査から土層ごとの縄文土器を整理して、器形や文様が時期で変化することを示し、六期の編年を提案しました。

これを受けて、昭和に入り東京大学の山内清男が「一定の形態と装飾文様を共通で持つ一群の土器」に「型式名」をつけて、最終的には「全国の縄文式土器型式編年表」を作成しました。例えば、東北地方の縄文晩期ならば古い方から「大洞B→大洞BC→大洞C1→大洞C2→大洞A→大洞A′」という編年です。（ちなみに大洞貝塚は岩手県所在の遺跡名）

この研究を戦後、慶應義塾大学の江坂輝弥がさらに詳しく編年体系を全国的に構築していくことになります。

その編年体系に寄与したのが、先述した加曽利貝塚などの発掘調査成果でした。現在、関東地方縄文後期は古い方から「称名寺1→称名寺2→堀之内1→堀之内2→加曽利B1→加曽利B2→加曽利B3→曽谷→安行1→安行2」（称名寺は神奈川県、曽谷は千葉県、安行は埼玉県の縄文遺跡）と一〇型式に編年されています。

世界最古級の土器を発見

しかし、再分化が進むにつれ「同一土器を使用する集団がどのような文化的経済的な結びつきを持つのか」「同じ概念、イデオロギー、ひいてはコスモロジーを共有するのか」といった問題点が提起されています。また、縄文時代の絶対的な年代観にも科学的年代測定法で新たな数値が示されるようになり、ある縄文時代を日本列島全体で同じ範疇基準で捉えるのではなく、もっと「同一土器圏」で細かく見ていく必要性が近年問われています。その背景には、植生や気候、土壌学方面からの新研究成果が大きく影響しています。

例えば、縄文時代中期を日本列島全域で俯瞰した場合、北海道北部には「北海道押型文土器」圏が、北海道西部から北東北には「円筒式土器」圏、東北地方全域には「大木式土器」圏、関東地方には「加曽利E式土器」圏、中部高地には「曽利式土器」圏、中部日本海側には「馬高式土器」圏、東海から瀬戸内・四国地方には「船元式土器」圏、九州地方は「阿高式土器」圏がそれぞれの地域性を保持しているのです。

つまり、土器の変化で早期から晩期まで六区分してきたものの、その地域性や内容をもっと精査しようとする動きです。

縄文時代中期の土器形成と地域圏

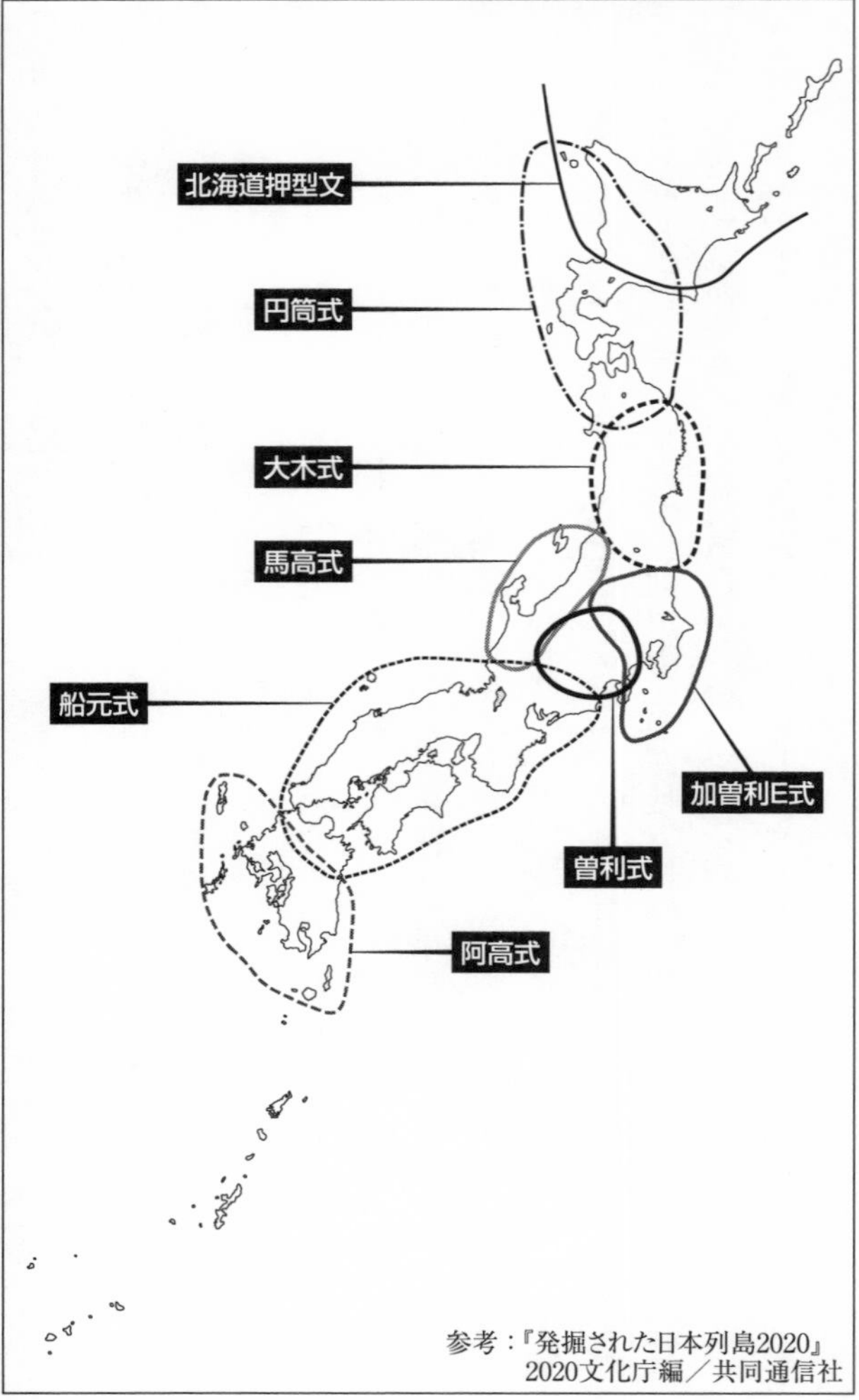

参考：『発掘された日本列島2020』
2020文化庁編／共同通信社

さまざまな縄文土器(著者撮影／長野県立歴史館蔵)

ちなみに、現在まで判明している六期の特徴は、

・草創期は土器・石器使用が開始され、一部定住も進む

・早期は南九州地域での定住が進み、列島全域で温暖化が進むため、沿岸地域に貝塚が形成される

・前期になると北東北中心に円筒文化が広がる

・中期は東日本に爆発的に集落が増え、環状集落を構成するようになり、アスファルトや黒曜石が広範囲に流通交易される

・後期には北海道や北東北に環状列石が作られる一方、関東では徐々に大規模集落が減退していく

・晩期には西日本で定住集落が増加し、沿岸部

での製塩が発達、東北では精巧精緻な亀ヶ岡文化が隆盛と概観されています。

このように縄文土器研究が深化していく状況下、一九九九（平成一一）年に衝撃的な発表がおこなわれます。青森県大平山元（おおだいやまもと）Ｉ遺跡から出土した土器片四六点を、放射性炭素C14年代測定法で調べた結果、なんと「今から一万三一〇〇〜一万三八〇〇年前」という従来の縄文土器開始年代を、三〇〇〇〜四〇〇〇年も昔に遡（さかのぼ）る数値を示しました。

これが「縄文土器は世界最古の土器」という世界史的な公表でした。しかし、その後同じ時期の土器がアジア大陸の何か所かで発見されています。

縄文集落研究の現状

注目された縄文人の遺跡

モース博士の大森貝塚発掘調査に続いて、全国でいろいろな発掘調査が実施されますが、明治から大正にかけて発掘されたのが、千葉県姥山（うばやま）貝塚です。

一九二六（大正一五）年、東京帝国大学人類学教室がおこなった発掘調査で二〇軒の完全な竪穴式住居と一五体以上の人骨が出土しました。この速報が新聞に掲載されますと、多くの見物客が東京から押し寄せ、付近の駅から貝塚まで延々と多くの見物人の列ができたといわれています。

一九八四（昭和五九）年、大量の銅剣が発見された島根県荒神谷遺跡の見学会では、遺跡が辺地だったにもかかわらず、延々と見学者が並んだ道路沿いに食べ物屋台がいくつも出たほどでした。

一九九八（平成一〇）年、奈良県黒塚古墳が発掘され三〇面を超える「三角縁神獣鏡」などが発見された折も、見学会には臨時列車が出るほどの大人気でした。いつの時代でも、大遺跡の魅力は多くの人々の関心を呼び起こすようです。

しかも、姥山貝塚の時は来日中だったスウェーデン皇太子・グスタフ・アドルフ公が強い興味を持ち、わざわざこの遺跡にきて、自ら発掘に参加しました。

この遺跡の学術調査で注目されたのが「一つの竪穴式住居の床面から五体の人骨」が発見されたことです。

発見当時は、これらの人骨がこの住居に生活していた家族群と考えられ、その死因について「フグ中毒説」「洪水説」「感染病説」「家屋崩壊説」「地震圧死説」など推理小説さながらの諸説が提示され、「謎の縄文人死亡住居」と注目されたのです。しかし、最近になってDNA分析などの成果が公表され、この住居内での人骨に年齢差や死亡時期差が大きいとの指摘が出され、同時期死亡説の可能性は低いようです。

見直された縄文の集落像

このような経過と、長野県与助尾根遺跡の発掘結果を踏まえて、一九八〇年代ぐらいまでは一般の縄文集落は「数軒から一〇軒ぐらいの竪穴式住居が同時期に存在して、何十年間、ムラを構成していた」と考えられていました。その背景には、日々の食料資源確保事情を考慮すると、原始的生業に苦労する縄文人像という前提があったからなのです。

一九八〇年代から東京都多摩地域の縄文中期の集落遺跡発掘調査が増加し、その成果から新たな「縄文集落論」が議論されるようになりました。多摩地域では、中期だけでも八〇か所以上の集落遺跡が発見され、宇津木台遺跡のように総数一〇〇軒を超えるような住居群が環状に展開する姿を示しました。このような「大規模環状集落」は、間断なく長期間継続されたと見るのかどうかが議論され、短期間の断絶時期を挟む継続性を指摘する説も出てきました。

こうした流れの中で、旧来の縄文集落論をさらに大きく塗り替えたのが青森県三内丸山遺跡です。

日本列島は今から七〇〇〇～五〇〇〇年前の縄文前期代になりますと、温暖化が進み、西日本地域では「照葉樹林(しょうようじゅりん)」が、東日本地域では「落葉広葉樹林(らくようこうようじゅりん)」が広がります。豊かな森にはドングリなど「堅果類」が増えて動物たちが棲みつくようになります。これらの食料資源の豊富さが、縄文人口の増加にもつながっていきます。この時期の代表が三内丸山遺跡です。同遺跡を含む「北海道・北東北の縄文遺跡群」は、二〇二一年、世界遺産登録となりましたが、それを受けて、今でも整備作業の一環として発掘調査が続いています。

●「北海道・北東北の縄文遺跡群」世界遺産一覧（※印は関連資産、他は構成資産）

北海道六遺跡……垣ノ島(かきのしま)　北黄金貝塚(きたこがね)　大船(おおふね)　入江・高砂貝塚(たかさご)　キウス周堤墓群　鷲ノ木(わしのき)※

青森県九遺跡……三内丸山　大平山元(おおだいやまもと)　田小屋野貝塚(たごやの)　二ツ森貝塚　小牧野　大森勝山

亀ヶ岡　是川(これかわ)　長七谷地貝塚(ちょうしちやち)※

岩手県一遺跡……御所野(ごしょの)

秋田県二遺跡……伊勢堂岱(いせどうたい)　大湯環状列石(おおゆ)

土偶はなぜ女性をかたどっているのか

土偶ブームといわれています。数年前、東京国立博物館で「国宝土偶」展を開催した時、他の特別展示会を凌駕する見学者が押し掛けました。

土偶は一般には、胸や臀部のふくらみ、あたかも妊娠しているかのような大きな腹部から、古くより安産・多産祈祷の女性像の象徴と見られています。

風張1遺跡・国宝「合掌土偶」
（八戸市埋蔵文化財センター是川縄文館蔵）

一番古い草創期は「胸像」でした。前期になると手足・顔が表現明瞭に、胸のふくらみも出てきます。そして、中期になると土器同様に立体造形が強調され、後期には芸術的な質も上がり、出土量も増加します。

青森県風張Ⅰ遺跡出土の「合掌土偶」は座位での敬虔な祈り姿を彷彿させますが、座位での出産状態を示しているとの

中屋敷遺跡・土偶出土地点（著者撮影）

説もあります。そして、晩期になると続く弥生時代にも発見されている「中空土偶」が出現してくる一方で、量的質的に衰退減少傾向が出てきます。

神奈川県中屋敷（なかやしき）遺跡は関東平野における弥生時代黎明（れいめい）期の代表遺跡で、これまで昭和女子大学が継続的に発掘調査していますが、その契機は素晴らしい秀麗な「中空土偶」の発見でした。同じような「中空土偶」が出土した神奈川県菩提横手（ぼだいよこて）遺跡では、この「中空土偶」に対して三次元画像などの最新科学分析法を駆使して解析したところ、土偶が頭、胴、脚、足先部などいくつかの部位を接合して製作していたことがわかりました。

このように「土偶」は時代や地域によって様

国宝「土偶」／縄文のビーナス
（茅野市尖石縄文考古館蔵）

相もさまざまで、「板状土偶」「みみずく土偶」「ハート形土偶」「仮面土偶」「容器形土偶」「遮光器土偶」など特別な呼称も付与されています。

世界遺産となった青森県三内丸山遺跡や秋田県伊勢堂岱遺跡（この遺跡も新空港建設に伴う道路工事で発見された環状列石遺構、良質な遺物大量出土で保存となった）では、「板状土偶」が出土しています。

三内丸山遺跡ではこれまでに全国最多の三〇〇〇点以上の「板状土偶」が検出されていますが、ミニチュア土器も二五〇〇点以上検出されています。この状況から、土偶やミニチュア土器を使用した特殊祭祀がおこなわれていたと考えられます。

伊勢堂岱遺跡出土例は後期代では高さ一八センチで乳房が表現されているため、女性と思われています。ちなみに、秋田県内では約一〇〇〇点以上土偶が出土しています。

中部山岳地域は古くより「土偶」多量出現地と有名でしたが、一九八二（昭和五七）年、長野県姥ケ沢(うばがさわ)遺跡で出土した土偶には「姥ケ沢ビーナス」と命名されています。

国宝土偶で有名なものが、工業団地建設工事で発見された長野県棚畑(たなばたけ)遺跡出土の「縄文のビーナス」です。吊り目状という中部高地顔を特徴とし、妊娠しているような腹部を示し、高さは二七センチで、ほぼ完全な形で広場の中の土坑内におかれるように出土しました。

同じく国宝土偶である「仮面の女神」は、長野県中ッ原(なかっぱら)遺跡で現在は遺跡公園となっている場所で二〇〇〇（平成一二）年に出土しています。妊娠している女性を表現しており、ビーナス同様やはり土坑内にほぼ完全な形でおかれていた状態で発見されています。

国宝「土偶」／仮面の女神
（茅野市尖石縄文考古館蔵）

「仮面土偶」の姉妹品が中部高地で二体発見されています。一つは長野県新町泉水(しんまちせんすい)遺跡の後期代「縄文の母　ほっこり」、もう一つは山梨県後田(うしろだ)遺跡で、同じく後期代「縄文の仮面　小町ウーラ」と呼ばれている例です。この仮面をつける風習については、特別な儀式に際して「シャーマン的な人物」が子孫繁栄と出産の無事を祈念して仮面をかぶったのではないかという説が有力です。

土偶の具象についての最新説については、縄文時代に生息していた周辺の「植物を模した精霊像説」が提唱されています。例えば、「ハート形土偶＝オニグルミ」「中空土偶＝クリ」「国宝縄文のビーナス＝トチノミ」を具象していたとするもので、事実、それぞれの土偶が出土する地域には、デザインの対象とした木の実類が集中して生息しています。

その背景としては、縄文人が「植物の精霊を土偶」に模して、植物の発育や成長が順調に進むように、なんらかの呪術的儀式をおこなった、というのです。そして、次の弥生時代には稲作などの農耕が発達するため、自然界のトチ、クリ、ドングリなど木の実類に依存する必要がなくなってきたため、必然的に土偶も消滅していったと考えています。

海外で造形美が注目された土偶

ところで、「ビーナス」も「仮面」土偶も発掘調査で偶然発見されていますし、二つとも決して左右同じの線対称になっていないうえ、やや右足を少し出している造形という特徴があります。これが国宝になるまでには、地元をはじめ文化庁の担当者連の並々ならぬ苦労がありました。

出土から約一〇年かかって国宝指定になりますが、当初文化庁内でも「土偶や土器は汚い、醜い」といわれ、まったく審査対象にもなりませんでした。そこで、海外での「縄文展」を一九八九（平成元）年のベルギーを皮切りに、アメリカニューヨーク、ワシントンと連続で開催して、海外の人々の感動驚嘆を呼び起こしました。これが援護射撃となり、一九九五（平成七）年、正式に国宝指定となります。

その国宝指定文には「人体の各部を極端に誇張して表現していながら、美しい曲線でまとめられた安定感溢れる姿形」「光沢がでるほど磨きあげられ、均整のとれた伸びやかな表現・質量感」「洗練された造形美」「本土偶は、縄文時代の精神文化を語る傑出した遺品として国宝にふさわしい価値をもつものである」と明記されています。

以上、見てきた「土偶」の性格性質を考察するうえで注目されてきたのが、「出産文土器」と呼ばれる出産風景を描写したのではないかと思われる縄文土器群です。山梨県北杜市酒呑場、同津金御所前、海道前C遺跡などから出土した深鉢土器には、土器の表面に「母親らしき人間の顔」と「その下に胎児らしき子供」が描かれています。同地域では、古くから人間の顔を模した土器が注目されていましたが、近年、そこに胎児も付加されていることがわかり、「出産文土器」として土器全体で妊娠した母親像を造形し、そこに胎児をつけ加えることで、一連の妊娠から出産までの経過を示す土器表現になっていると思われます。

子供の足形をつけた土製品の意味

土偶も後期末から晩期になると「容器形土偶」という中空の例に変化していきます。山梨県岡遺跡は晩期例ですが、幼児の歯や人骨が収容されていたので、おそらく早産した子への供養と再生を願ったものかと思われます。この容器形は、続く弥生時代の神奈川県中屋敷遺跡出土例へとつながります。

「土偶」は千葉県吉見台、山梨県釈迦堂(しゃかどう)遺跡に代表されるように出土数が膨大な例が多いため、一九八七(昭和六二)年から国立歴史民俗博物館が中心になり、全国の考古学研究者の協力態勢で「土偶データベース」構築作業が進み、その成果も公表されています。

その結果、青森・岩手県ゾーン、茨城・千葉県ゾーン、山梨・長野県ゾーンが三大出土数ゾーンであることが明らかになりました。中でも、岩手県は約六五〇〇点以上が確認さ

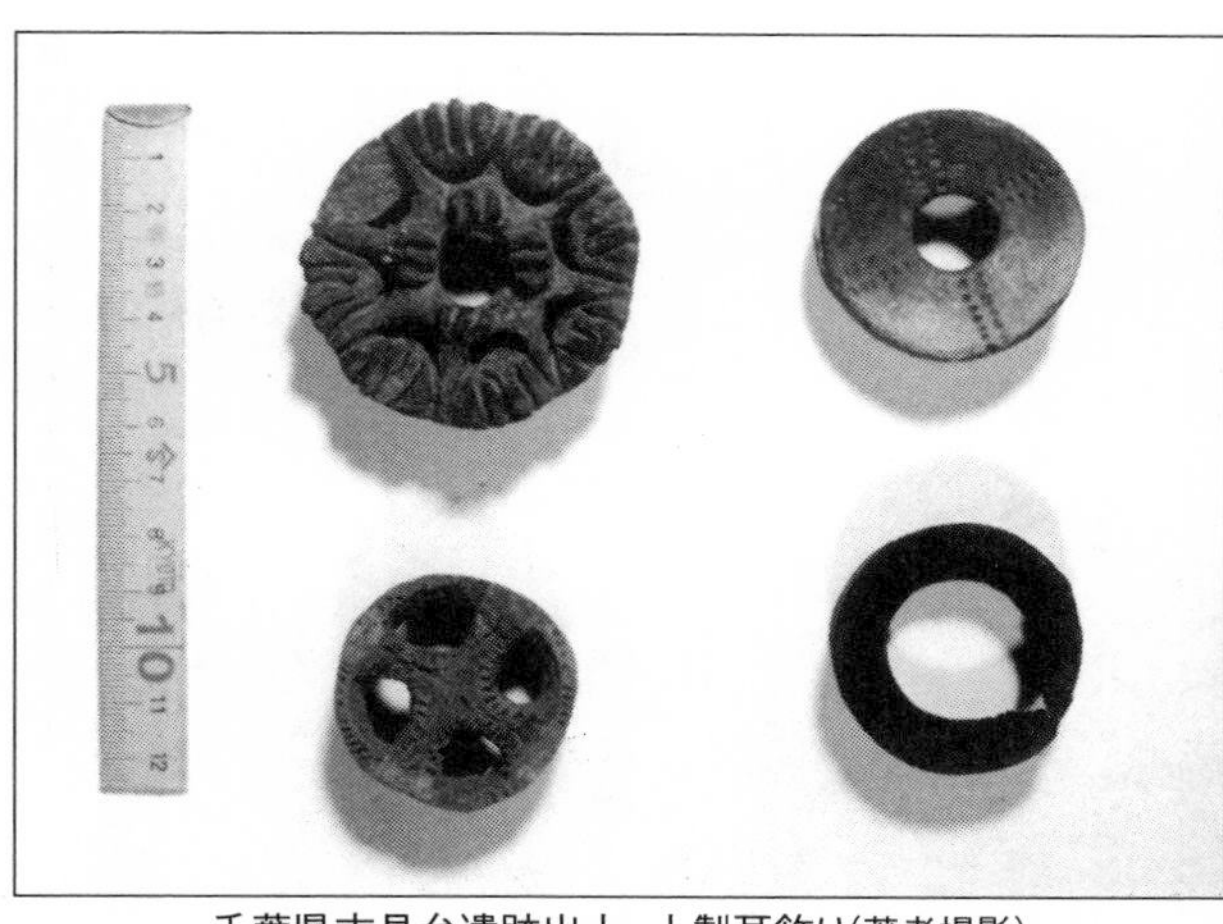

千葉県吉見台遺跡出土・土製耳飾り（著者撮影）

れています。今後は、「型式編年」「製作技法」「出土状況精査」「遺跡の詳細」事項などが課題点としてあげられています。

土偶と同じく祭祀的な遺物として、北海道垣(かき)ノ島(のしま)遺跡で出土した縄文早期代の「足形付土版」があります。これは、〇歳から三歳ぐらいまでの子供の足形を押した土製品です。当時は生まれた子供も早死にする場合が多かったため、亡くなった子供の「足形」を残していたようです。

また、稀に「岩偶」が出土します。北海道館崎遺跡は出土土器数九一万点、石器数四八万点という膨大な遺物量でした。時期は縄文前期～中期という青森県三内丸山遺跡とほぼ同時期の五〇〇〇年間存続した拠点集落です。その中に、長さ三七・一センチ、幅二八・二センチという国内最大級の大型岩偶がありました。

「岩偶」については、のちの別項（83ページ）でも触れている愛媛県上黒岩遺跡の調査で、当時「縄文のビーナス」と話題になった「線刻画岩板」が出土していますが、最近の精緻な分析で、意図的な線刻については否定的な見解が示されています。

謎の多い縄文石器・石製品

縄文時代の遺跡からは、多種多様な石器・石製品が出土します。磨製打製の石斧、石刀、石剣類、堅果類加工用の石皿、磨石、狩猟用の石鏃など、日常実用品も多数発見されています。その一方で、古くから認知されていた「不思議な用途性格不明な石器・石製品」もいろいろあります。

日本海側で出土してその形状が中国の刀に酷似していることから「青竜刀石器」、天皇に謹呈したことから「御物石器」、形状が密教仏具の独鈷杵に酷似している「独鈷石」、全長二メートルを超す超大型品から小型までの「石棒」、なんらかの押圧用具と思われる「石冠」などがその代表例です。これらは、「第二の道具」と総称されています。

山梨県金生遺跡では縄文時代晩期の石棒と配石遺構が八〇〇〇平方メートルもの広大な

独鈷石（実測者・山岸良二）

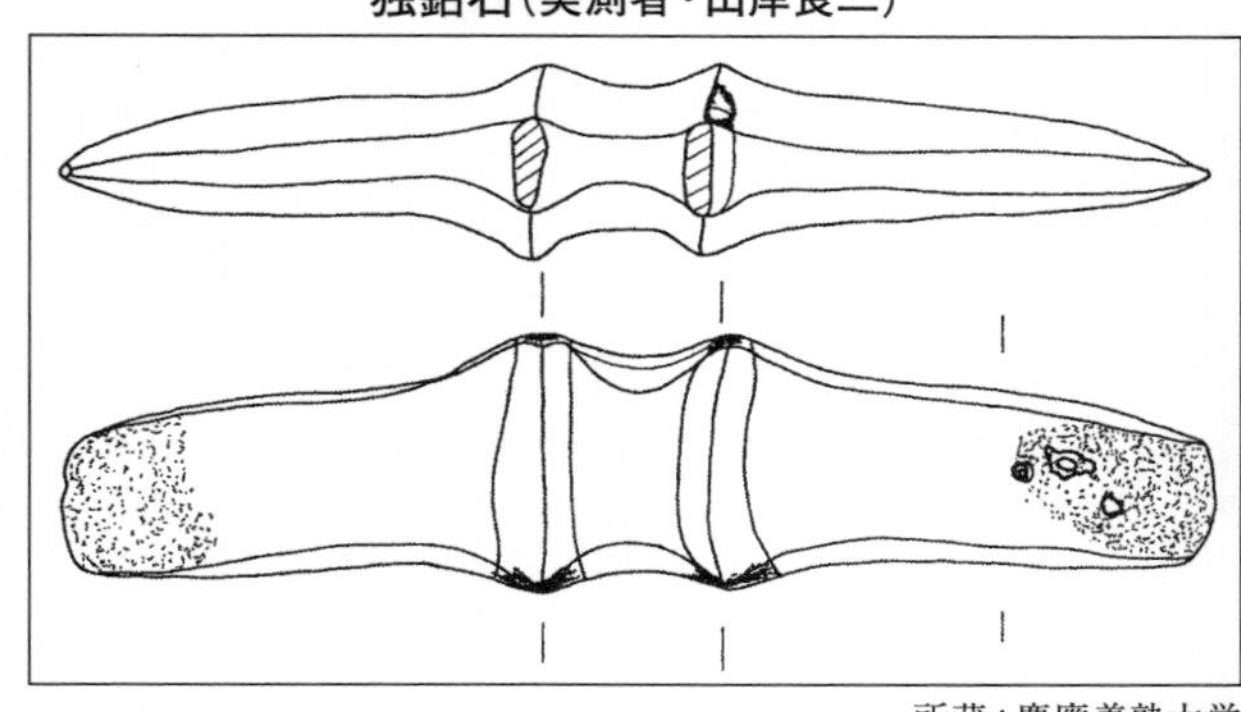

所蔵：慶應義塾大学

範囲で多数発見されています。土偶や石剣、焼けたシカ骨、土製耳飾りなどが多数出土していることから、なんらかの「祭祀場」であったことが推定されています。

「青竜刀石器」は形状が中国の青竜刀に似ていることから呼称されていますが、植物類や動物骨を叩く道具であった可能性が指摘されています。「御物石器」はなんらかの堅果類を押圧する道具だった可能性が指摘されています。

しかしその一方、「独鈷石」は岐阜県、関東地方、東北地方の縄文後期～晩期に多数出土しています。明確に住居跡などから発見された例は少ないため、その性格や用途なども不明な面が多い遺物です。ただし、形状が独特なため江戸時代から「特殊な珍品奇品」として、一部の「好事家（こうずか）」内では珍重されていたため、その存在はよく知られていました。

最近の研究で、「独鈷石」の命名が大正時代頃の仏教密具からの由来とわかり、詳細な分析から両端に「敲打痕（こうだこん）」があることがわかり、なんらか打撃用途に使われたこと、不明だった全国各地での分布状況も漠然と判明してきています。

このような縄文時代独特の「石器・石製品」類は、弥生時代に入ると急激に減少してくるので、縄文祭祀・縄文精神文化に特化した遺物類と推定されています。

三内丸山遺跡の発掘

国内最大級の遺跡を発見

二〇〇二（平成一四）年のサッカーワールドカップ開催国に日本が名乗りあげ、日本中でサッカー場建設の気運が盛り上がりました。

そのような時期、青森県でも一候補地として立候補する準備のため、既存の県営野球場を移転して新たな県営サッカー場建設の計画を立て、そのために移転先の新野球場建設計

多くの見学者が訪れる三内丸山遺跡（著者撮影）

画が立案されました。

その計画地こそ、江戸時代からよく知られた縄文時代遺跡の三内丸山遺跡でした。

一九九二（平成四）年から本格的な発掘調査が開始されると、竪穴式住居跡をはじめ大型掘立柱建物跡、墓と思われる土坑群、盛土遺構などさまざまな種類の遺構と大量の遺物が予想されたとおり出土してきました。遺物量は通常のダンボール箱で六万箱以上となり、この遺跡が国内でも最大級の遺跡であることが推定されるようになりました。

そして、この遺跡保存を決定的にしたのが、遺跡中央部で発見された直径約二メートル、深さ約二メートルの大柱穴が柱間隔四・二メートルで六穴出土したことです。

三内丸山遺跡・復元大型建造物(著者撮影)

この柱穴には直径一メートルのクリ材が残っており、専門家の推測によればこのクリ木は高さ一〇メートル以上になる巨木だったことが判明しています。

後日、これらのデータから超大型掘立柱建物の復元建造物案がいくつも提案されましたが、その中から現在現地で復元されている案が採用されています。しかし、六メートルを超えるクリ材を入手することが困難だったため、わざわざシベリアから輸入したそうです。

以上の状況から、県は急きょ当初の計画を中止し、調査体制も変更して万全の体制での発掘を推進していきました。遺跡の総面積は約三五ヘクタールで、現在まで調査が進んでいるのはわずか五ヘクタールほどです。このような動きが連日マスコミなどで報道されるや、遺跡が東北自動車道青森インターを降りてすぐという地理的至便さも加わって、連日全国から多くの見学者が訪れ、いわゆる「三内丸山ブーム」が起こったのです。

交易をおこなうムラが一五〇〇〇年以上も存続

その後も遺跡の解明は順調に進み、一五〇〇〇年以上継続された縄文前期から中期の大集落で、最盛期には一時期に五〇〇〇人を超えるムラ人が生活し、クリなどは周辺で栽培していた可能性も指摘されています。

周辺の「廃棄ブロック遺構」「盛土遺構」などの発掘調査で、大量の「クリ」の実が出土しましたが、これらのＤＮＡを詳細に分析したところ、そのバンド分析がほぼ均等であることが判明したのです。つまり、自然界ならば植物のＤＮＡバンドは不均等でバラバラになるのが通常ですが、均等になることは、そこに「人為的」作用が加味されていたことを示すことになります。人為的に栽培行為を実施していたことが証明されたのです。

さらに、出土した石器や石製品の詳細分析を実施したところ、黒曜石は北海道白滝方面、翡翠は富山県・新潟県糸魚川方面、琥珀は岩手県久慈方面、アスファルトは秋田県昭和方面から運ばれたことがわかり、この時代、すでに広域的な交易ネットワークが形成されていたことが推定されています。長期間、多くのムラ人を養うために高度な生業交易活動が営まれていたことがわかります。

三内丸山遺跡の発掘区域全図

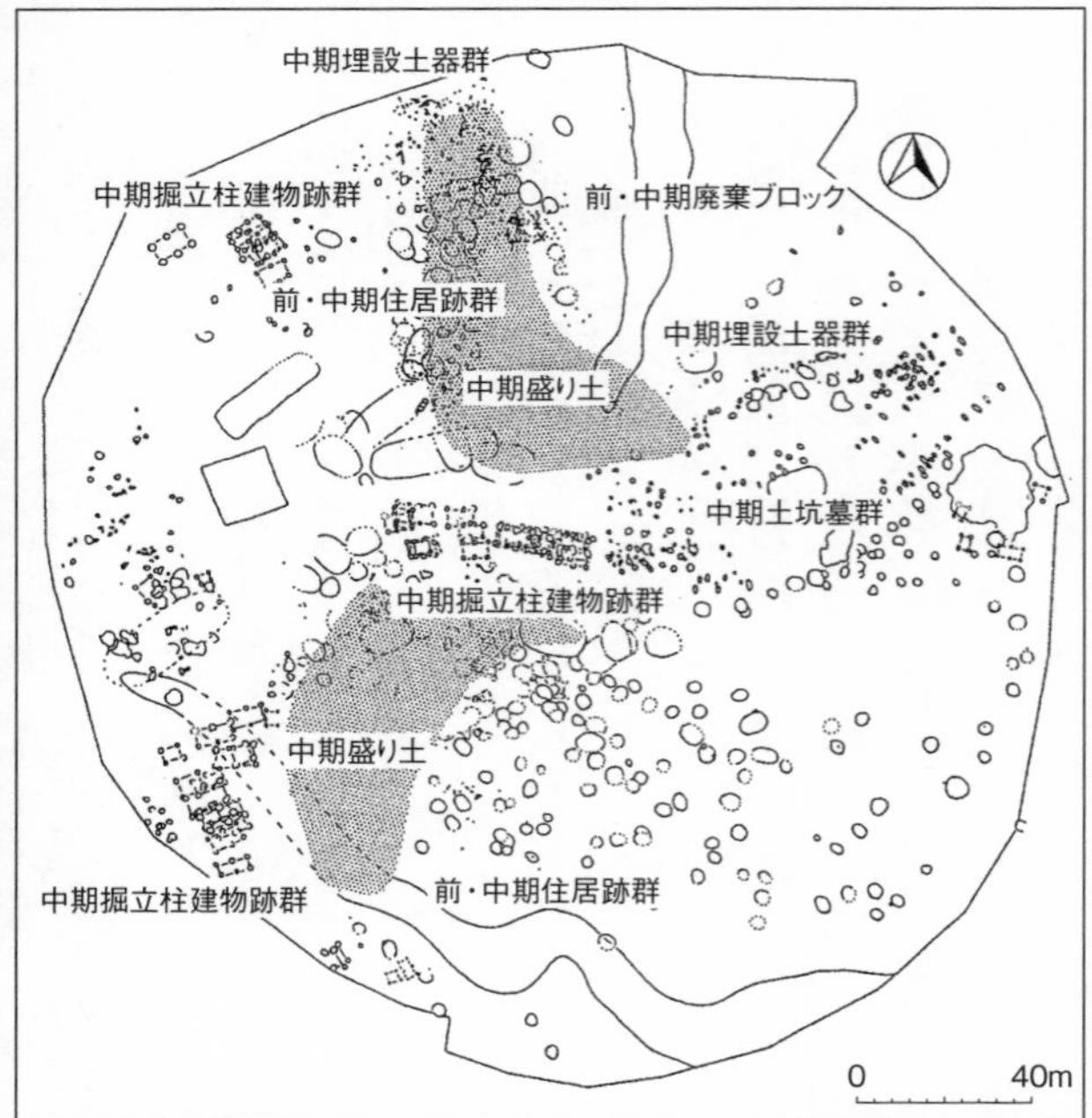

出典：岡田康博「三内丸山遺跡」『日本考古学会 平成5年度総会』(1993)

このように数千年間にわたり、縄文集落が営まれるケースはその後の新潟県奥三面遺跡の調査でも証明され、従来、短期間に移動した縄文集落のイメージが大きく変更されることになりました。

そしてこのブームは、巨大な遺跡が十二分に「観光資源」となり、地域活性化のシンボルになることを証明、続く「吉野ヶ里フィーバー」と合わせて「観光考古学」という新分野を創設したのです。

縄文人の食と漁労

丸木舟で海を渡った縄文人

貝塚遺跡の調査で注目されていた遺物に「丸木舟」があります。

火山噴出物の一つである黒曜石は、日本列島が火山島のため全国各地で発見されますが、実はその黒曜石には特徴があって、科学的分析でどの地域から産出した「黒曜石」かが明確にわかります。関東地方の縄文遺跡から、信州産、伊豆半島産や神津島(こうづしま)産・八丈島産の黒曜石が出土します。

このことから縄文人が海を渡っていたことが推定されていましたが、事実、全国では約三五〇隻以上、千葉県内では一二〇隻以上の「縄文丸木舟」が発見されています。

終戦まもない一九四七（昭和二二）年、偶然に千葉市落合遺跡（現東京大学検見川(けみがわ)グラウンド）で一隻の丸木舟が発見され、それを聞いた慶應義塾大学が翌年発掘調査を実施し、

大賀ハス発見の地（著者撮影／千葉市）

合計三隻の新たな丸木舟を発見しました。この時、一緒に出土した六本の櫂に刻まれた彫刻図などから、この舟が縄文後期～晩期の所産と推定されました。

そして、同遺跡では、一九六一（昭和三六）年の調査でもさらに一隻発見され、その中に「ハスの実」が残っていたのを、東京大学の大賀一郎が鑑定し、「古代のハス」と認定しました。その後、この「大賀ハス」は全国に分配され、今では各地に「大賀縄文ハス」「古代の夢つなぐハス」「大賀博士執念のハス」が展開しています。地元では、毎年七月に「ハスまつり」が午前四時頃から開催され、朝早く開花する姿を見るために多くの人が押し寄せています。

この出土の翌年には、安房郡丸山町（現・南房総市）加茂（かも）遺跡で慶應義塾大学が発掘調査した結果、丸木舟二隻、木製櫂六本が出土しました。丸木舟は現存長四・八メートル、幅六〇センチ、ムクノキ製の割竹形でした。

七〇〇〇年以上前の丸木舟も発掘

ところで、興味深いのは大学関係者がこの時に出土した舟や櫂の一部を当時実用初期段階の「放射性炭素C14年代測定法」にかけるため、わざわざアメリカシカゴ大学まで資料を送付したことです。その結果「今から約五一〇〇年前」という数値が示されて、日本における「縄文時代の実年代」が初めて提起され、学界に大きな衝撃を与えることになりました。

これは、当時学界で想定されていた年代より二〇〇〇年近くも古くなる数値でした。

千葉県ではこれまでの調査で、九十九里浜北東部の旧椿海（つばきうみ）（内湾）周辺地域に集中度があり、約六〇隻以上の出土例が報告されています。この地域での縄文時代に「丸木舟」の使用頻度が日常的に高かったことを示しています。この旧椿海周辺地域での「丸木舟」出土地点が、ほぼ海抜四メートル前後に集中していることから、この海抜四メートル前後がちょうど縄文時代当時の水際汀線（ていせん）を示していると推定されています。しかも、その内訳

浦入遺跡出土丸木舟（著者撮影／舞鶴市政記念館蔵）

を詳細に分析すると、形態や規模などから「内湾河川用舟」と「外洋遠洋用舟」とに分けて制作されていたことが推定されています。

全国的に見ると縄文時代の丸木舟出土地域としては、島根県宍道湖周辺、福井県・京都府若狭湾周辺、滋賀県琵琶湖周辺、宮城県仙台湾周辺で多く発見されています。一九八二（昭和五七）年、福井県鳥浜貝塚出土の丸木舟を放射性炭素C14年代測定法で調べ、「今から約五五〇〇年前」という当時としては最古の年代値を出しています。

二〇〇二（平成一四）年からの調査で滋賀県入江内湖遺跡から出土した丸木舟は「今から五六三〇年前」という数値も出ています。その後、千葉県雷下遺跡で「約七五〇〇年前」という

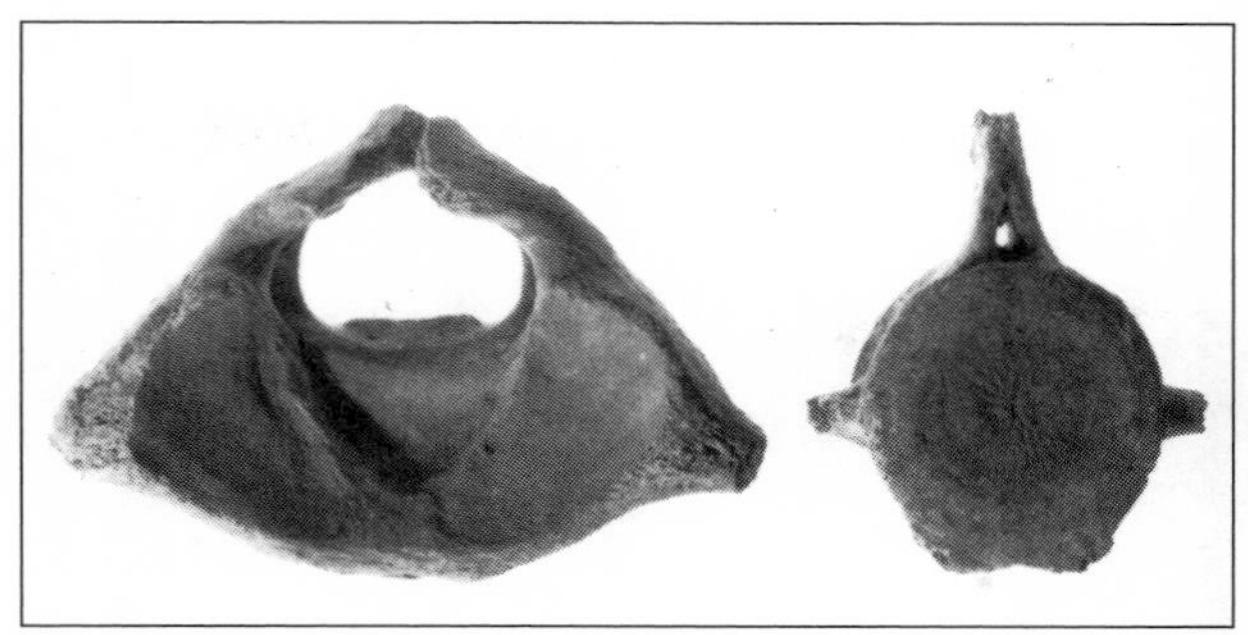

鳥浜貝塚出土・イルカの骨（福井県立若狭歴史博物館蔵）

2004「九十九里浜旧椿海周辺の縄文丸木舟」山岸良二

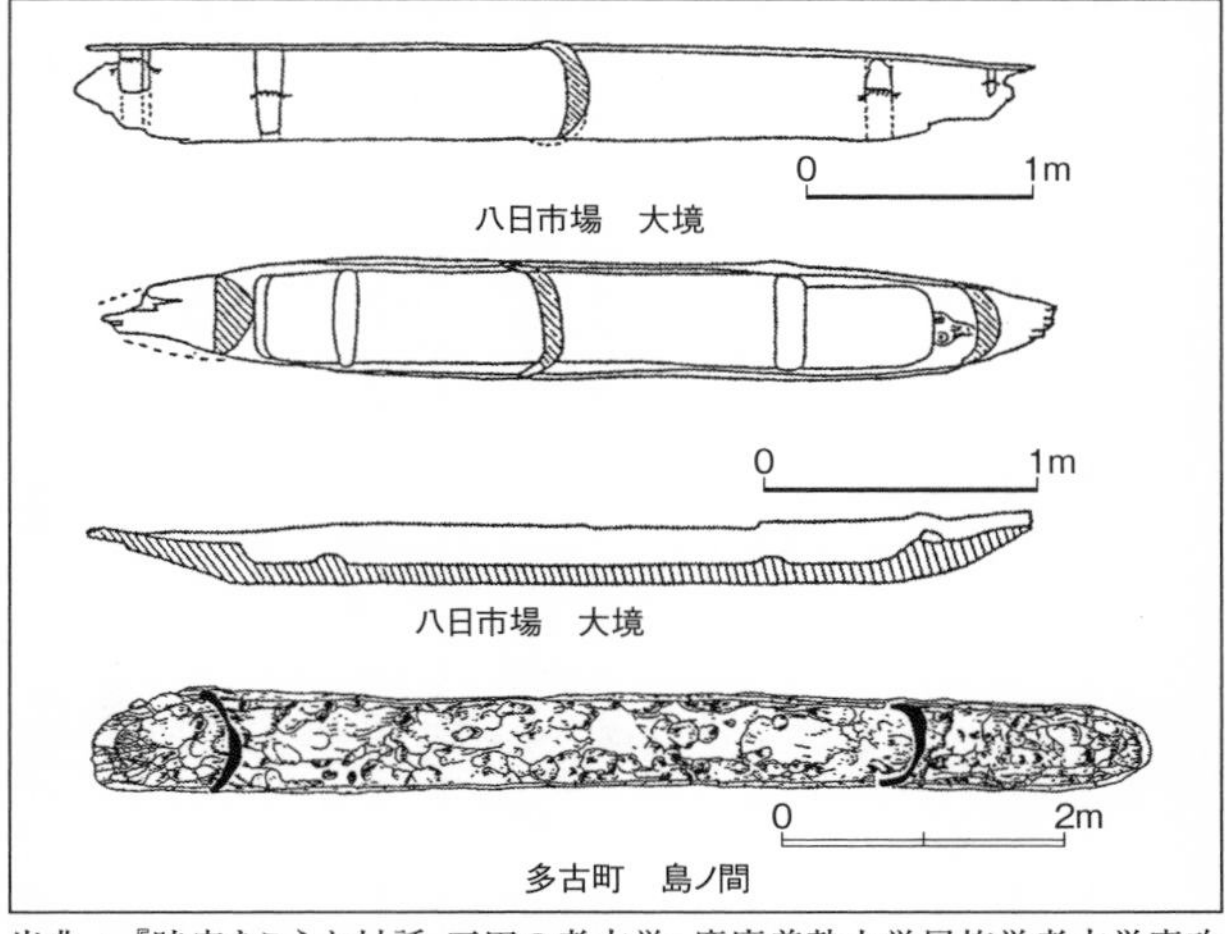

出典：『時空をこえた対話 三田の考古学』慶應義塾大学民族学考古学専攻設立25周年記念編集／六一書房

最古級丸木舟が出土しています。この舟は、ムクノキ材で長さ七・二メートル、幅五〇センチと大型舟です。同時に長さ約二メートルの「櫂」と思われる木材も出土しています。このように七〇〇〇年以上前の例は非常に稀な例といえます。

貝層の厚さが六メートルもある東京都中里貝塚でも完全な状態で「丸木舟」が発見され、大きく新聞やマスコミで報道されただけではなく、この貝塚では発掘中に昭和天皇が調査中に見学に見える「いわゆる天覧遺跡」にもなりました。

縄文時代の漁法についても、二〇〇九（平成二一）年、奈良県橿原市の縄文晩期遺跡から仕掛け「えり」が発掘され、小魚のフナやアユを誘い込むための仕掛け漁をおこなっていたことがわかりました。

黒曜石の銛を使ったイルカ漁

千葉県館山市の鉈切洞窟遺跡は発掘調査の結果、縄文時代後期初頭の土器と共に、漁労用の鹿角製釣り針や銛、骨鏃などのほか、土器の破片を再利用して、長方形や楕円形に形を整え、長軸の両端に網をかけるための切り込みをいれ、網の重りとして使われた土器片錘や、ベンケイガイ・オオツノハ製の貝輪・ハマグリ製の貝刃（貝の一部を鋭利にして小刀用とした）などの貝製品が出土しています。

また、マダイやマグロなどの魚骨など約五〇種あまりの魚類、アワビやサザエなどの貝類も六〇種類以上が出土しました。さらに、大量のイルカの骨が見つかっています。イルカの骨は、同じ館山湾の大寺山洞窟遺跡や出野尾洞窟遺跡の他、館山市小原にある縄文時代早期の稲原貝塚でも出土しています。

この稲原貝塚からは、イルカの骨にささった黒曜石製の銛先が見つかっていますので、イルカ漁がおこなわれたことを知ることができます。石川県真脇遺跡でも大量のイルカ骨が整然と発見され、縄文人らが、高度な知能を持つイルカを集団で巧みに内海に誘い込んで捕獲していたことがわかります。

新しい分析法でわかった縄文の暮らし

発掘物の年代を測定する新技術

戦後の考古学研究のスタートとして特筆される静岡県登呂遺跡では、考古学・歴史学の専門研究者に加えて地理学・建築学・動物学・植物学・土壌学など関連分野の研究者も初期段階から参加し、「当代最新の英知」を結集しての総合調査体制で臨んでいました。

このような総合調査体制は一九五〇（昭和二五）年代に入ると、各学会が連合で参加する「九学会連合地域総合調査」が「奄美大島」「能登半島」「利根川」など地域を特定しての成果として結実していきました。

その一方で、欧米での最新科学成果を日本の遺跡研究にも導入しようとする試みも見られるようになります。今日では「弥生時代開始年代問題」で注目されている「放射性炭素C14年代測定法」ですが、一九五九（昭和三四）年、神奈川県夏島（なつしま）貝塚、一九六二（昭和三七）年、千葉県加茂遺跡の調査で出土した遺物を、アメリカシカゴ大学に依頼して年代測定をおこなっています。ここで出された「九二四〇年±五〇〇年」という数値が、その後の縄文年代論争に火をつけることになりました。

この「放射性炭素C14年代測定法」は、第二次世界大戦中の原爆製造研究過程で発見された画期的な分析法です。事実、戦後この分析法はノーベル賞をとっています。この方法の原理は次のようなものです。

すべての生物体は生きている間、大気中の炭素を摂取しています。しかし亡くなると炭素を取り込めなくなります。炭素には三種類の同位体があり、安定しているのが炭素12です。これ以外の炭素14には、亡くなるとその量が一定の期間で減少していくという特質があり、半分になるまで五七三〇±四〇年という時間がかかるのです。この特質を利用して測定するのですが、当初はこの分析で結果が出るまでにたいへん時間がかかりました。この部分を改善したのが、ＡＭＳ法という加速器質量分析法で、土器などに付着していた資料を微量でも測定でき、しかも分析時間もかなり短縮できる方法です。

弥生時代が五〇〇年古くなった?

この新方法を活用し、二〇〇三（平成一五）年以降、国立歴史民俗博物館研究陣が弥生時代の古い土器群を測定した結果「弥生時代の開始年代が紀元前九三〇年頃」と発表しました。これは、従来想定されていた年代より「五〇〇年古く」なる結果になりました。

しかし、これに対して「従来中国・半島出土の鉄器類に比べて日本列島出土例が古くなりすぎる」点、「弥生時代の古い土器型式一つの存続期間が長くなりすぎる」点など批判を起こしました。そのため、歴史民俗博側も弥生時代以前の縄文土器について詳細な年代測定事例を積み上げています。

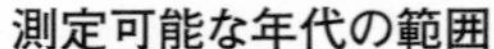

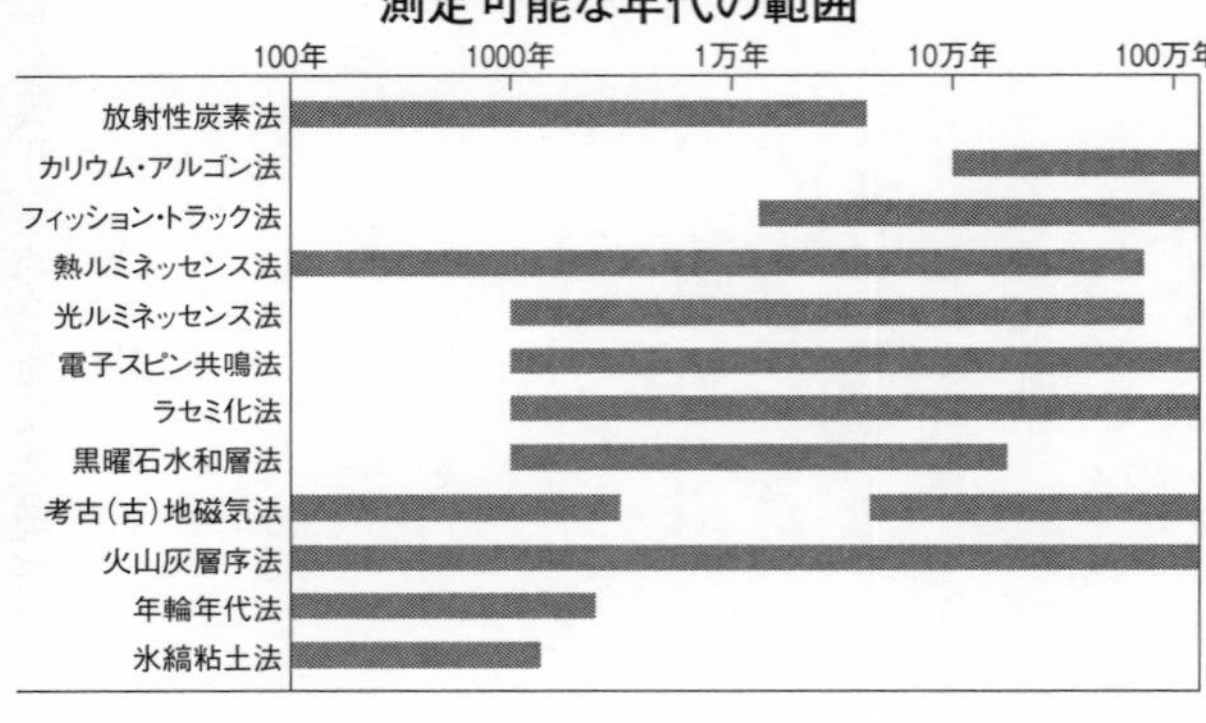

ところで、一九六〇年代になると全国で旧石器時代遺跡の調査例が増加するのに対応して、土壌分析や花粉分析、石器使用痕分析、建築復元研究など、発掘調査自体に他学問の研究者が必然的に参画するケースが増えてきます。

これらの動きを受けて、一九八二（昭和五七）年、「日本文化財科学会」が設立され、本格的に文化財全般に対してさまざまな科学分野が協力していく体制が整っていきます。

研究の分野も、年代測定法にかぎったものだけでも先にあげた「放射性炭素C14年代測定法」をはじめ「フィッション・トラック法」「年輪年代測定法」、原料産地研究では「鉛同位体比分析法」「黒曜石成分分析法」など多岐分野に至っています。

その一方で、最新建設土木技術を用いた「遺構移築保存処理」も各地で実施されています。静岡県蜆塚、千葉県加曽利、堀之内、東京都中里貝塚などでは数メートルにわたって貝塚表面を剝ぎ取った断面が展示されています。この技術は、合成樹脂を強力接着剤で裏打ちし、取り上げやすい厚さに加工して他所に移動するもので、最近では東京大学弥生町（武田先端知ビル建設地点）遺跡で方形周溝墓一基をそのまま取り上げて移動して展示しています。

発掘調査環境の変化

一九五一（昭和二六）年、前年に起きた法隆寺金堂焼失事件を契機に「文化財保護法」が制定されました。翌五二（昭和二七）年には、私鉄電車基地建設で地元の民間人らが立ち上がり、保存問題が大きく動いた平城宮跡の調査実施のため、奈良国立文化財研究所が創設されました。

すると、各地の考古学発掘調査も、大学や高校主導型から徐々に教育委員会など行政機関主導型へと移行していきました。この動きにさらに拍車をかけたのが、急激な経済発展に伴う大規模開発行為の進展で、いわゆる「長広大」な「行政発掘」が日常的に実施されるようになってきます。そして、一九七〇（昭和四五）年前後の大学紛争が各地で続発すると、考古学現場においても純粋な学術調査ではなく、行政調査で「遺跡破壊」を促進する姿勢への反発が学生間から強く打ち出されてきました。

そのため必然的に、一九七〇年代後半には各県ごとに「埋蔵文化財センター」「埋蔵文化財調査事務所」体制が創設され、「原因者負担制度」という埋蔵文化財調査の原因を創った当事者側（例えば道路公団とか住宅公団、マンション建設会社）が発掘費用を全額負担するシステムになり、発掘調査担当者の諸費用もこの制度で拠出する形が定着していきました。

しかし、一九八九（平成元）年からのバブル経済崩壊により、そもそも不特定の発掘調査件数の「原因者負担」に依頼していた上記の体制も破綻をきたし、各地の「埋蔵文化財センター」などでは閉鎖に追い込まれるケースも続出し始めています。事実、千葉県では最盛期に各市、地区にあった「埋文センター」が現在では八割減となっています。

そのような動きの中で、二〇〇〇年代に入ると「民間発掘会社」が各地に起業し、入札によって発掘調査や文化財整理作業を請け負うケースが増大し、追い打ちをかけるように政府の民活政策（民間にできることは民間に）も付加して、地方公共団体によっては現場の発掘調査のすべてを発掘会社でおこなうシステムを導入している事例が増加しています。

二〇〇五（平成一七）年には、このような民間発掘会社の団体として「日本文化財保護協会」も設立されています。

このような発掘環境の激変の裏には、各地方公共団体の「調査体制脆弱化」傾向があります。これは国が発掘調査に支給する補助金不正にも現れています。発掘調査は現場で発掘するだけではなく、調査後に整理し報告書を刊行するまでが一連の作業事業となります。全体にかかる費用総額が莫大なため、国はこの一連事業に巨額の補助金を出しています。地元の自治体は発掘調査だけでもアップアップ状態ですから、とても報告書作成まで手が回らない現状です。これが、不正受給の背景です。二〇一〇（平成二二）年度では、全国で一二〇〇万円が不正と認定されています。

しかも、国史跡に指定されても、その維持に多額の費用がかかるため、各地方公共団体が苦労しています。二〇二〇（令和二）年時点で、全国には一八四六件の「国指定史跡」がありますが、復元住居、展示施設などが放置されたままの遺跡も多々あります。

実は、史跡指定後土地購入には八割、保存管理には五割の補助金が国から交付されています。しかし、これら「交付金」は文化財保護名目のため、指定管理事業以外にも使途するケースも多いようです。維持するためには、事業費や人件費がかかりますので、史跡整備に手を抜く自治体も多いのが現状です。世界遺産・岩手県御所野遺跡のように地元のボランティアの方々などの協力を多数得て、遺跡の活用を図っている例もあります。

縄文人は雑穀を栽培していた？

一九九〇年代に新たに導入された分析法に「レプリカ法」があります。土器の表面に残る「圧痕」跡にシリコンで型取りして、それを走査型電子顕微鏡などで詳細に観察、その植物や小動物、虫類などを同定する方法です。例えるなら、犯罪現場に残る犯人の足跡から靴の種類、サイズ、性別、年齢などを特定する作業と似ています。

「レプリカ法」で解明された具体的な事例として、東京都七社神社前遺跡出土の縄文前期浅鉢土器には三〇〇点以上のダイズ、シソ、ヌルデ種痕が検出されています。このうち、ダイズは、分析した研究者によれば現代の野生ツルマメに近い種と推定されています。

ダイズについては、全国で六〇か所以上の遺跡で出土が確認されていますが、山梨、長野県境付近の縄文中期遺跡出土例は大型化しています。これは、ダイズが野生から栽培化されてきた可能性を示唆しています。

一方、長野県伊那地方の縄文時代晩期に属する矢崎遺跡ではアワ、キビ類が、石行遺

昭和女子大学による中屋敷遺跡発掘現場
（著者撮影／神奈川県足柄上郡大井町）

跡ではアワ、キビ、イネ、エゴマ類が、権現堂前遺跡ではアワ、キビ類が確認されました。

一九三四（昭和九）年に「土偶形容器」が出土して注目されていた神奈川県中屋敷遺跡は、昭和女子大学の一一次以上の発掘調査が実施されています。関東における初期農耕遺跡ですが、調査で出土した炭化物などを「レプリカ法」で分析した結果、「イネ・キビ・トチノキ・アワ・オニグルミ」などが確認されています。

従来、縄文時代のアワ・キビ類の検出例は少なかったのですが、これだけまとまって検出されたことにより、縄文晩期に中部高地地域で雑穀栽培がおこなわれていたことが推測されます。研究者の中には、水田型水稲農耕とアワ・キビ類栽培農耕とが組み合わされて伝播してくる可能性を指摘する説もあり、東日本の「初期水稲農耕」の姿がおぼろげに見えてきています。

この「レプリカ法」分析は土器の表面にシリコンでかたどりする作業が少しの訓練で誰にでも可能であることから、横浜市歴史博物館では、ボランティアの参加を受けて環濠集落で有名な大塚遺跡出土土器の「圧痕」探しを実施しています。その結果、イネの圧痕が発見されました。まだアワ・ヒエは見つかっていないようです。このように、調査自体は古くても、最新の分析法を導入できる場面があることは、今後の研究動向に大きな影響を与えています。

縄文人のマメ栽培を再現できるか？

最近では同種の分析法を駆使して、アサやクワという繊維性植物についての研究も進んでいます。アサは縄文早期から確認されており、アサ果実の出土は縄文で二五遺跡、弥生で三〇遺跡を数えています。一方、クワは縄文晩期から古代まで一一遺跡で確認されています。

これとは別に炭素窒素同位体比分析法という方法があります。これは土器の表面に付着している植物動物炭化内容物を炭素で抽出する分析と窒素で解明する分析とを絡めて見る方法です。この方法で、土器の付着物は「炭素・窒素を多く含む物」「炭素は多いが窒素が少ない物」「炭素・窒素も少ない物」の三分別ができ、これは「動物質」「植物質」「無機質（灰か土器胎土）」に該当すると推定されています。

具体的に分析が実施された埼玉県寿能遺跡などの例では、縄文後期前半では動物質が多く検出され、後期後半になるとゆるやかながら植物質が増えてきます。この変化と縄文土器の編年変化を微細に見ることで、縄文人らがいろいろな器形の土器を、日常食料資源処理にどう使っていたのかなどもわかってくるのです。

この方法で、縄文中期遺跡からマメ類の大型化傾向が指摘され、縄文人がマメ類を計画的に栽培していた可能性が出てきました。そこで、研究者らは各県の埋蔵文化財施設の協力を受けて、実際にマメ類栽培復元実験を実施しています。

科学的な分析の裏には地道な研究があるのです。

人とイヌを一緒に埋葬した理由

縄文貝塚などを発掘していると、本州では丁寧に埋葬された「イヌ」が発見されるケー

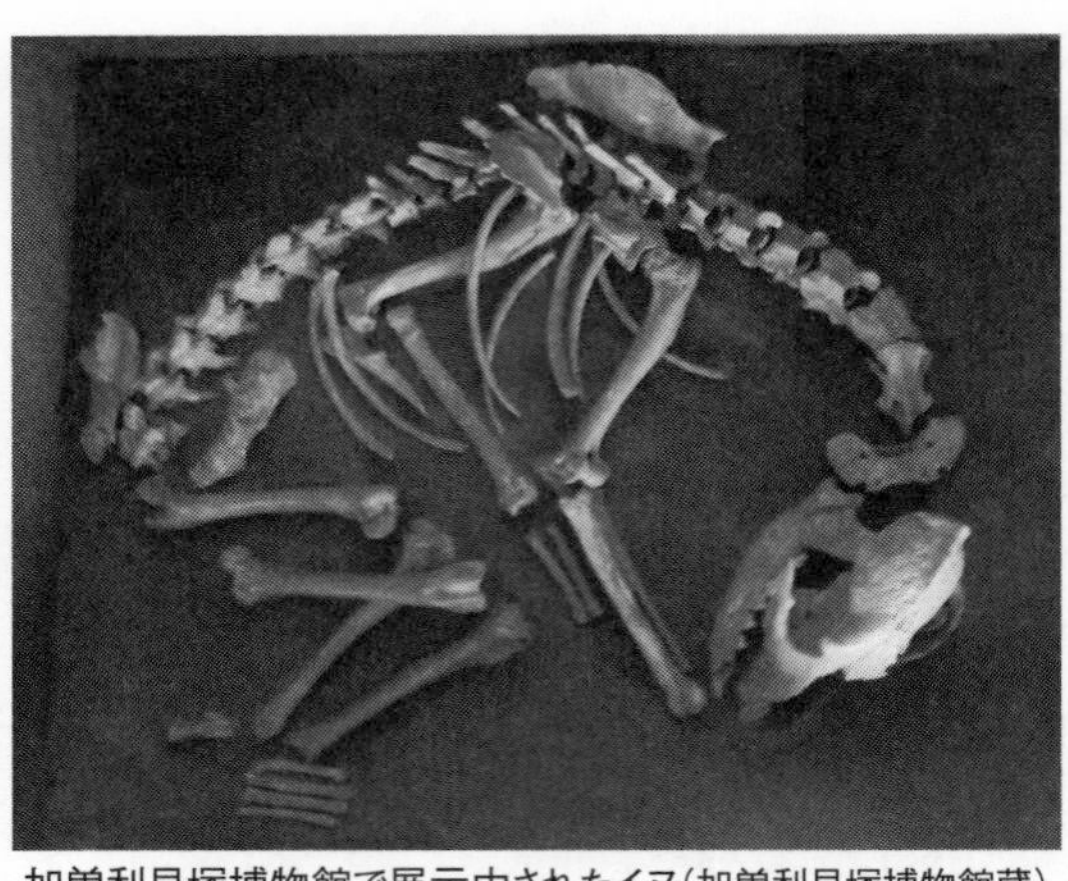

加曽利貝塚博物館で展示中されたイヌ（加曽利貝塚博物館蔵）

スが多く見られます。前にも述べた千葉県加曽利貝塚では発掘調査で多数発見されたうちの一つの「イヌ埋葬坑」が博物館に保存されています。また、同県白井大宮台貝塚（縄文時代中期）では「人とイヌとイノシシ」が一緒に埋葬されていた墓坑が検出されています。このような例は同県有吉南遺跡（縄文中期）でも「イヌとイノシシ」が一緒に発見されています。

イヌの埋葬例では、鹿児島県奄美大島宇宿小学校構内遺跡からも二頭の丁寧なイヌ埋葬が発見されています。同遺跡からは、オオタツノハ、ゴウボラ製貝輪や骨製品も多数出土しています。

そして、愛知県大曲輪貝塚では、身長一六二センチの男性埋葬人骨の胸あたりにイヌの骨が発見されています。猟犬として活躍した愛犬を死後の世界でも飼い主と一緒に埋葬したようです。

現在までで最古のイヌの埋葬例は愛媛県上黒岩岩陰遺跡(縄文早期~前期)と思われます。二頭の埋葬されたイヌが発見され、一頭は体高約三八センチ、もう一頭は約四一センチでした。これまで発見されている縄文時代のイヌの体高は平均で約三五~四六センチ内なので、最古段階からほぼこの範囲内に入るということは、日本列島では継続的に同一種族のイヌが成育していたことになります。

しかも、この古い段階のイヌと晩期頃のイヌまで縄文時代を通して共通性が見られることもわかっています。

イヌの丁寧な埋葬状況の背景に「なんらかの呪術的要素」を推定させる例として、愛知県吉胡、伊川津貝塚では女性骨の四隅にイヌが埋葬されていたケース、宮城県前浜貝塚では妊娠していた女性骨の顔面にイヌが置かれていたケース、千葉県木戸作貝塚では女性骨に切断されたイヌ顎骨が置かれていたケースなどがあげられています。猟犬としての役目とは異なる祭祀呪術面での役割もあったようです。

一方、ネコの最新発見例は玄界灘に浮かぶ長崎県壱岐島カラカミ遺跡で、従来は古墳時代後期例が最古と思われていたネコの骨が発見されました。

弥生時代の紀元前二世紀代と思われる大溝内から、貝類、イヌ、イノシシ、ネズミの骨類と一緒に約一五点のネコ骨が出土したのです。少なくても、おとなネコ一匹、こどもネコ三匹分ではないかと推測され、食用ではなく炭化した麦類が多いことから、ネズミの害を防ぐために飼われていたのではないかと思われています。そして、朝鮮半島南部の遺跡でもネコ骨が出土していることから、日本列島に渡来した半島人の舟に乗ってネコがきたと思われます。

つまり、日本列島における人間とイヌ・ネコの日常関係は今から八〇〇〇〜九〇〇〇年も昔から続いているのです。

縄文時代の漆工芸

縄文時代晩期の亀ヶ岡文化では「漆（うるし）工芸」の遺物類が多数出土しています。ウルシから採れる樹液を「漆（うるし）」といいますが、これらを塗った遺物類が「漆工芸品」です。中国では長江沿いの河姆渡（かぼと）文化にあたる約七五〇〇年前の「漆器」が出土していますが、日本では、福井県鳥浜貝塚出土の漆材に約一万二〇〇〇年前という数値が出ており、北海道垣ノ島遺跡出土の漆糸（うるしいと）もかなり古いとされています。

「漆工芸品」の代表が、藍胎（らんたい）漆器と漆塗り櫛です。

籃胎漆器とは植物などで編んだカゴ状物を漆で固め、その後、赤色顔料で彩色した容器です。晩期を中心に、東北から関東地方の遺跡で出土しています。

漆製品出土例で著名な遺跡が、青森県八戸市の是川（これかわ）遺跡群で大正年間にすでに発見されており、当時の出土品約六〇〇〇点が戦後、市に寄贈されています。その後、考古学者の大山柏（かしわ）が設立した「史前学研究所」などや慶應義塾大学の発掘調査で注目されました。

大きく三遺跡で構成されており、縄文前期・中期代の一王子（いちおうじ）遺跡、縄文中期の堀田遺跡、そして晩期の中居遺跡から成ります。出土遺物は、大量の土器、石器、石棒、漆塗り櫛、腕輪、弓、耳飾りなど特徴的です。

二〇〇二〜〇三（平成一四〜一五）年の中居遺跡の調査では、縄文時代晩期の土器、石器、木製ヤスなどの木製品とトチ・クルミの殻、獣骨、魚骨が発見されています。注目されたのが、別稿でも触れている「水さらし場」がよく残っていたことです。堅果類を食用にするため、この地域でも大規模な「あく抜き」作業がおこなわれていたようです。

漆塗り櫛では縄文時代晩期の秋田県中山、宮城県山王囲（さんのうがこい）、青森県八幡（やわた）遺跡でも出土しています。櫛歯の接着法で、結歯（けっし）式と刻歯（こくし）式の二種に大別されています。

漆塗りの弓が一〇点も出土したのが、東京都下宅部（しもやけべ）遺跡で、低湿地のため木製品が良好な状態で残りました。縄文時代後晩期の丸木舟も検出されています。漆塗りの飾り弓が一〇点出土、他に杓子、かんざし、カラス貝容器なども出ています。

北海道恵庭市のカリンバ三遺跡では、漆塗りの各種製品が多数出土しています。この遺跡は、二〇〇〇年に発掘された標高二五メートルの低段丘上の遺跡です。縄文時代後晩期の墓遺構で、土坑墓は三五基検出され、その大型三基の墓から漆塗り櫛、腕輪、髪飾り、耳飾り、首飾り、腰飾り製品と琥珀、滑石、翡翠製玉類と一緒に出土しました。副葬品の総数は九〇〇点を超える莫大な量です。

最新の縄文人種論

縄文人の身体的特徴は?

わが国はよく知られているように火山列島のため、国土の大部分が火山灰に覆われた酸性土壌が堆積しています。このため、人骨、動物骨のような有機質は残存性が悪く、沼沢地、低湿地、旧河川地、貝塚などや強いアルカリ性土壌の場所でなくてはなかなか発見されないという現状です。

そこで、過去には愛知県吉胡(よしご)貝塚、岡山県津雲(つくも)貝塚などや貝塚集中地である東京湾や仙台湾周辺地域での、大量人骨が出土した遺跡事例で「縄文人骨」の研究が進んでいました。

日本人のルーツに関しては、今から三〇年前に、人類学者の埴原和郎(はにわらかずろう)が提唱した「二重構造モデル」が定説になっていました。それは、旧石器時代に日本列島に東南アジアから人々が移住し、その子孫が縄文人になっていったとする説で、続く弥生時代になると北東アジアから新たな渡来人が縄文人との混血を繰り返し、現在の日本人集団の基礎ができたとするものです。

これに対して、最近研究が進んでいるのが、人骨や歯のDNAを調べる研究です。現代人と古代人のゲノム（全遺伝情報）を比較することで、類縁関係や進化の道筋を探ることができます。これまでの解析分析研究では、「二重構造モデル」を支持する結果が得られています。また、アイヌと琉球の人々は縄文人の遺伝的要素を強く残し、本土の日本人についても縄文人の要素を一〇～二〇パーセント程度残していることがわかってきました。

戦後、日本考古学協会が発足した当初に、総合研究課題の一つとして「洞窟遺跡総合研究」が全国で実施されました。その一環として愛媛県上黒岩岩陰遺跡の調査が一九六二（昭和三七）年～六九（昭和四四）年まで実施されました。その結果、縄文早期代の古い人骨が複数出土しました。その後、同遺跡の南側に所在する上黒岩第二洞窟遺跡の調査が二〇一五（平成二七）年から実施されました。

以上の調査から、計二八体の人骨が検出され、成人人骨が一一体（うち女性が八体）、乳幼児骨が一七体という特徴を示しました。二つの洞窟での人骨発見は、早期代に意図的に人骨集積する墓制が採用されていたことを明確にしました。

昭和後半時にまったく予想されない山岳地で大量の縄文人骨が出土したのです。一九八七（昭和六二）年、長野オリンピックに関係する高速道路建設に伴い長野県北村遺跡が調査され、四六八基の縄文時代中期から後期の墓から人骨三〇〇体以上が発見されたのです。標高の高い河岸段丘（かがんだんきゅう）上の遺跡で、絶え間なく流れ出す微アルカリ性の地下水に覆われたため、これほどよく残存したと思われています。出土した人骨を精査してみると、成人男性の平均身長が一五七・九センチ、同女性が一五一・二センチ、平均寿命は三四歳でしたが、中には六〇歳で亡くなった人もいました。

驚くべきことに「虫歯率」は一パーセントにも満たないほど低く、注目されました。これについては北村縄文人が動物質食料よりも日常的に植物質食料を多食していたためではないかと研究者たちは考えています。

平等ではなかった縄文社会

そして、一九九七(平成九)年には「縄文人骨」研究だけでなく、縄文時代の社会組織研究にも大きな動揺を与える発見が千葉県下太田(しもおおた)貝塚でありました。約一〇〇体を超える、縄文時代中期から後期の人骨が大量に発見されたのです。谷底の低湿地で絶えず湧き水があったことが、これだけ大量の人骨を巧みにパックして保存していたと思われます。

中期の人骨群を見ると「屈葬」という下半身部を折り曲げて土坑の中に埋葬していますが、後期では「伸展葬(しんてんそう)」という体をまっすぐ伸ばした埋葬と数体を一緒の土坑内にいれた墓が多いという特徴がわかりました。

このように、時期によって埋葬方法が異なる墓が同じ地点で発見されるケースも全国的には珍しく、この地点が何世代にもわたって「ムラの共同墓地」として機能していたと推定されています。そのうえ、同一時期にもかかわらず丁重(ていちょう)に埋葬されている人骨と、複数の人骨が一つの土坑内に無造作に投げ込まれているケースもあり、従来、縄文時代は「身分階級平等社会」と想定されていた「縄文常識」を大きく変える事例の発見となったのです。

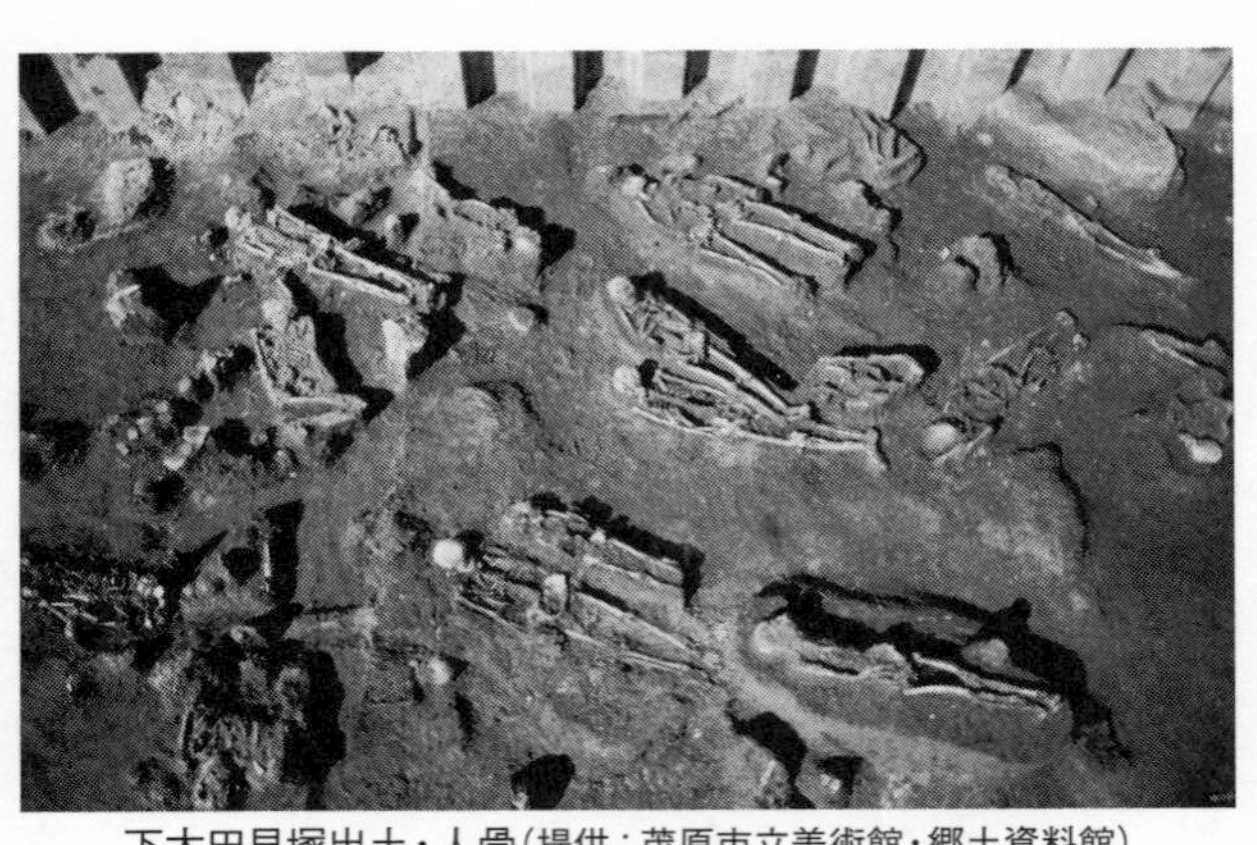

下太田貝塚出土・人骨（提供：茂原市立美術館・郷土資料館）

同じ時期の茨城県中妻貝塚では、一つの墓坑に九六体もの人骨を合葬した例が発見されています。これは、一度埋葬した人骨を数か月後に掘り起こし、再び何十体もの遺体を再埋葬する儀式がおこなわれていたようです。

その背景については、縄文中期から後期にかけて「気候冷涼化」の影響で、大型集落の維持が困難となり、小集落に分化したものの、後期中葉に再び「気候温暖化」となり、大集落に再編成されていった事情があったと推測されています。

縄文人骨出土例の最新情報としては、二〇一九（令和元）年、千葉県習志野市の屋敷貝塚で二体の縄文後期人骨が発掘されています。一体（A人骨）はほぼ良好な保存状態で、もう一体（B人骨）はほぼ半分保存状態でした。

A人骨は年齢が四〇歳前後の男性、抜歯痕もあり、身長は一五五〜一六〇センチ前後と推定されています。B人骨は一五歳前後の男性で、推定身長一五四センチと形質人類学分析の結果が出されています。

さらに縄文時代にも、「木棺墓」があった可能性が島根県古屋敷遺跡で検出されています。縄文晩期代で長さ一メートル、幅四〇センチの木片が土坑内から発見されました。火を焚いた跡も多数検出されており、この時代、すでにこのような墓制が始まっていたことがわかります。

近年の国立遺伝学研究所の発表では、「本州や九州では縄文人と弥生人の混血が進化したが、アイヌ系と沖縄系ではあまり進化しなかった」とされています。しかも、国立科学博物館の研究チームが、縄文人人骨六三体と弥生人人骨二七体を分析した結果、これまでは南方説といわれる「手足が長い特徴が有力」でしたが、「胴長短足の北方説に近い数値が両方で確認された」と報告されています。

縄文人と弥生人とに明瞭な身体的差異がないことがここでは指摘されています。かつて定説だった「大陸半島から渡来した弥生人が在地の縄文人らを駆逐した」説は大幅に変更となっています。

世界遺産「北海道・北東北の縄文遺跡群」一覧

●**北海道五遺跡**

①**垣ノ島遺跡**　函館市の海岸段丘の標高三二〜五〇メートルに所在する縄文時代の住居跡と土坑墓群で構成される遺跡。漁網用の石錘が多数出土しており、漁業活動が活発化していたと推測されています。また、墓には子供の足を押しつけた「足形土版」が出土しており、全国的にも稀な例です。紀元前二〇〇〇年頃構築された長さ一九〇メートルを超える大規模盛土遺構は国内最大級と考えられ、なんらかの祭祀や儀礼がおこなわれていたと推定されています。

②**北黄金貝塚**　伊達市の標高一〇〜二〇メートルの丘陵上に所在する集落遺跡。竪穴式住居、墓、貝塚、水場遺構なども発見されています。貝塚からはハマグリ、カキ、ホタテ、さらに、マグロ、ヒラメなどの魚骨、オットセイ、クジラの海獣骨も発見されており、漁労中心集落だったことがわかります。注目されたのが、シカの頭骨を使った「動物儀礼」と思われる遺構です。千葉県取掛西貝塚でも同種遺構が出ています。

③**大船遺跡**　函館市の標高三〇〜五〇メートルの海岸段丘上の一〇〇軒を超える集落遺跡。同じく一〇〇軒以上の墓や貯蔵穴も発見されており、膨大な土器、石器類が出土しています。竪穴式住居の中には、床を深さ二メートル以上も掘り込んでいる例もあり、なぜ、それほど深くするのか、注目されています。

④**入江・高砂貝塚**　入江貝塚は洞爺湖町の標高二

北海道・北東北の縄文遺跡群

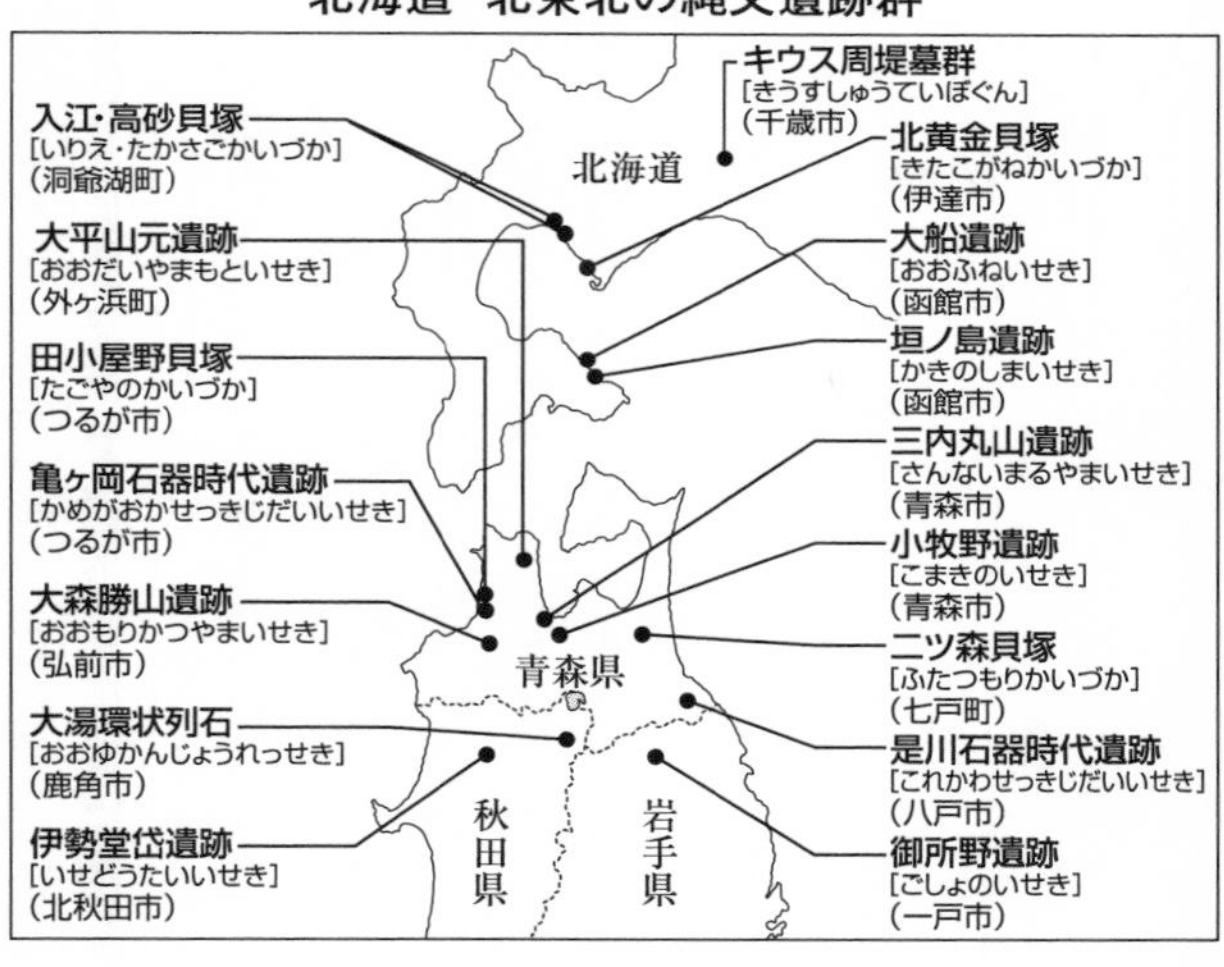

○メートル段丘上の遺跡。一九四二（昭和一七）年には発見され、その後数次にわたる調査が実施されました。その結果、住居跡と土坑墓群で構成され、貝塚からはアサリ、イガイやニシン、カサゴ、スズキ、マグロ、イルカ、エゾシカなどが発見されています。墓から「筋萎縮症（きんいしゅくしょう）」に罹患（りかん）していた成人男性の人骨が検出されており、長期間、周囲から介護を受けていたと推測されています。高砂貝塚も洞爺湖町の標高一〇メートル低地に所在しています。貝塚と墓域で構成され、土坑墓内からは石器、石製品と共にベンガラという赤色顔料が散布されていました。貝塚からはカレイやアサリも多く出土しているため、同地は寒冷化が進んでいたようです。

⑤**キウス周堤墓群**　千歳市の標高一五～二一メートルの斜面部に造成された墓遺構。円形の竪穴に掘りあげた土をドーナツ状に周堤とした墓で、本

遺跡では九基発見されています。最大は外径八三メートル、周堤の高さは約四・七メートルで推定土量は約三〇〇〇立方メートルといわれています。周堤内の土坑墓には、赤色顔料ベンガラを敷いていた例も検出されています。

●青森県八遺跡

①三内丸山遺跡　五章187ページ参照

②大平山元遺跡　津軽半島外ヶ浜町の標高二六メートルの河岸段丘上。土器片や石器が出土し、その土器に付着していた炭化物を放射性炭素C14年代測定法で分析した結果、紀元前一万三〇〇〇年前というたいへん古い年代が示されました。この結果、縄文土器が世界最古クラスの土器かと話題になりました。土器の文様は無文で、重量のある壊れやすいものでした。住居は移動式の簡易なテント状だったようです。

③田小屋野貝塚　つがる市の標高一〇～一五メートルの丘陵上にあり、十三湖に面しています。竪穴建物、墓、貝塚、貯蔵穴などが検出され、貝類はヤマトシジミが中心で、クジラやイルカの骨角器も出土しました。ベンケイガイ製貝輪の未成品が多数出土したことで、同遺跡では貝輪製作が盛んだったことや道内の遺跡から同じ品が出ていることも注目されています。

④二ツ森貝塚　七戸町の太平洋岸標高三〇メートルの段丘上貝塚。竪穴建物や貯蔵穴も多数検出されているため、大規模集落の可能性も示唆されています。貝塚は南北二か所の斜面で発見され、上層にはヤマトシジミ主体、下層はハマグリ、ホタテが主体でした。精巧に加工された鹿角製櫛はその技巧・技術に驚かされます。

⑤小牧野環状列石　青森市の標高一五〇メートルの台地上にある外周直径三五メートル、内周直径

二九メートルの二重環状列石です。三～六個の石を独特に組んだ「小牧野式組石」が多数見つかっています。一般に、環状列石は「墓」と考えられてきましたが、この遺跡は「祭祀」場だった可能性が高いようです。

⑥**大森勝山遺跡**　弘前市の岩木山東麓標高一四〇メートルの丘陵上にある環状列石。長径四八・五メートル、短径三九・一メートルの楕円形に配石されており、七七の組石で構成されていました。土器や石器などと一緒に、祭祀用と思われる「円盤状石製品」が約二五〇点以上も出土しました。素材は組石と同じ、輝石安山岩で近くの河川から運ばれたものです。同遺跡は、冬至に岩木山へ太陽が沈む位置にあることから、この日、なんらかの祭祀がおこなわれていたと推測されています。

⑦**亀ヶ岡石器時代遺跡**　つがる市の岩木川丘陵の標高七～一八メートルに所在。台地上には多数の土坑墓群があり、玉類や土器などの副葬品も多く出土しています。低湿地には、漆塗り土器や漆器、土偶、翡翠玉などが発見されています。一八八七（明治二〇）年に出土した左脚を欠いた大型土偶が有名な「遮光器土偶」です。縄文晩期亀ヶ岡文化を代表する一品です。

⑧**是川石器時代遺跡**　八戸市の標高一〇～一五メートルの段丘上に三遺跡が点在しています。晩期の中居遺跡では住居跡、墓、配石遺構などが発見されています。低湿地のゴミ捨て場からは、精巧な土器や土偶、漆塗りの弓、櫛、腕輪、容器なども多数出土しています。この時代の「漆工芸」技術を知る良好な遺跡です。

●岩手県一遺跡

①**御所野遺跡**　一戸町の山間部にある縄文時代約五〇〇〇年続いた集落で、その間何回も火災などで

住居が焼失した痕跡がよく残る遺跡です。そのため、当時の住居構造が詳しく解明できました。従来、他の縄文遺跡で見られるようなカヤ、ワラ葺きの竪穴ではなく、土屋根だったことがわかりました。この新知見により、他の遺跡での復元住居形成に大きな影響を与えました。

●秋田県二遺跡

①伊勢堂岱遺跡　新空港関係道路建設で一九九五（平成七）年発掘された遺跡です。縄文時代後期の環状列石が二重に発見され、さらに三五棟の六本柱建物や環濠も見つかりました。また、最近の調査では三番目の環状列石も発見されています。特殊な「キノコ形土製品」など不思議な遺物も多数出土しています。道路建設は設計変更され、遺跡は保存となり世界遺産となりました。

②大湯環状列石　鹿角市の標高一八〇メートルの高台で、一九三一（昭和六）年、偶然発見された二つの環状列石です。直径四二メートルの野中堂、直径四八メートルの万座と呼称される大きな環状二つで構成されています。一〇〇個以上の石を組み合わせて、環状中央には「日時計状組石」といわれる立石を中心に組石されています。この立石は二〇キロ以上ある重さです。近年おこなわれた近くの環状列石遺跡の発掘調査で、環状部の石下部より甕棺や石鏃、朱塗り木製品などが発見され、さらに土坑内の土壌分析から「高等動物脂肪酸」が検出されたことで、にわかに環状列石「墓坑」説が浮上しました。

3章 弥生の文化・技術から鮮明になった大陸との交流

弥生文化の発見

登呂遺跡からの出発

弥生時代を代表する登呂遺跡の発見は、太平洋戦争末期の一九四三(昭和一八)年、この場所に住友金属が軍用機工場を建設しようとして、大量の土器や木器、丸木舟が出土したことによります。しかも、戦争中にもかかわらず新聞などに報道され、静岡市が計三回にわたって発掘調査を実施しました。

その結果、当時としては想像できないぐらいのおびただしい土器や木製品の出土が確認されたのです。しかし、この事実は時局のこともあり、ごく一部の研究者間にだけ知らされ、戦局の悪化に伴ってこれらの事実もまったく忘れ去られていったのです。

戦争が終わり、多くの考古学研究者が復員してきて「新しい科学的な考古学」を目指す取り組みとして、この登呂遺跡の発掘調査が企画され、一九四七(昭和二二)年には現地の研究者を中心に再調査が開始されました。

当時、文部省にあって明治大学でも教鞭(きょうべん)をとっていた斉藤忠らが、国からの予算支出を考え、その受け入れ団体として全国的な学会の設立を呼びかけ、一九四八(昭和二三)年、東京上野・帝室博物館(現・東京国立博物館)小講堂で「日本考古学協会」(設立会員八一名、会友五名)が設立されました。

この協会内に、早々と「登呂遺跡調査特別委員会」が設置され、この委員会を母体に本格的な発掘調査が進むことになります。

この動きと並行して、国会でも特別決議をおこない、登呂遺跡の調査に補助金をつけ、同年から三年間にわたり継続できることになりました。

明らかになった弥生集落の姿

登呂遺跡は二つの河川の扇状地(せんじょうち)に立地し、駿河湾の海岸まで直線で約一・五キロの平野部にあり、最初の調査で竪穴式住居一二棟、高床倉庫跡二棟及び約一〇万平方メートルの水田跡などが発見されました。

この遺跡の調査成果は、まず水田と居住域が一体となった典型的な弥生集落が発見されたことであり、次に大量に出土した木製品の分析により、当時の生産工具製作の工程や植(しょく)

生にまで解明が進んだことにあります。さらに、東海地方にかぎって見ると、戦前からの課題であった「駿河湾沿岸地域の弥生土器編年」が確立されたことがあります。そして、全国的にはこの調査後、各地で発掘調査例が増加し、その調査の主体を成す考古学研究者がここから育っていったといっても過言ではありません。

その後登呂遺跡は、東名高速自動車道の建設工事に伴って、水田跡保存運動が起こり、一九九九（平成一一）年からは五か年計画で遺跡整備事業が実施され、さらに多くの住居跡や倉庫群が発見されています。さらにその後、遺跡公園はリニューアルされ整備されています。

弥生土器の発見

一八八三（明治一六）年秋、当時東京大学予備門の学生であった有坂鉊蔵が現・東京都文京区内で約一個分の土器を発見しました。

有坂は一〇代の頃から大森貝塚発見のモース博士の元に通い、考古学に興味を持ち、その縁で東京大学予備門に入学していました。翌年、有坂は東京大学理学部学生であった坪井正五郎、白井光太郎と共に再び同遺跡を訪問したのです。

このの ち、有坂は自分が発見した土器を共同研究資料として坪井に預け、人類学教室では従来貝塚土器として知られていた縄文土器とも、当時「祝部土器」と呼称されていた古墳時代の須恵器・土師器とも異なるこの土器について、さまざまな呼称案の中から、発見地名をとって「弥生土器」と命名され、この種の土器を出土する遺跡群が属する時代を「弥生時代」と呼ぶようになったのです。

その後、弥生土器は全国各地で発見されるようになり、一緒に出土する木製品や石器類、モミ痕などから縄文時代とは明瞭に異なる「水稲農耕」を伴う時代の産物と認識されるようになりました。

一九三七（昭和一二）年に奈良盆地のほぼ中央にある唐古池遺跡の発掘調査が京都大学考古学教室の森本六爾や小林行雄らの手によって実施され、その後五年間に及ぶ遺物整理研究によって明確な土

土器編年と併行関係

時期	南関東房総	伊勢湾沿岸 赤塚次郎 編年	畿内 寺澤 薫 編年
弥生後期	山田橋式	山中Ⅱ式	第Ⅵ様式
移行期（弥生終末期・古墳早期）	中台1式	廻間Ⅰ式	庄内0式
	中台2式	廻間Ⅱ式	庄内1式
			庄内2式
			庄内3式
古墳前期	草刈1式	廻間Ⅲ式	布留0式
	草刈2式	松河戸Ⅰ式	布留1式
	草刈3式		布留2式
			布留3式
			布留4式（古・新）

出典：『邪馬台国時代のいちはら』
2016市原市埋蔵文化財調査センター

器の時期ごとの変遷（へんせん）状況がわかってきました。こうして、近畿地方における「弥生土器」の編年体系が確立し、古い時期から「畿内第Ⅰ様式→第Ⅴ様式」と命名されたのです（前ページの図の「土器編年と併行関係」の「畿内」は、弥生後期から古墳時代の土器の編年を示しています）。

この研究成果は、その後、全国各地での弥生土器研究の基礎となり、北九州の土器と畿内の土器との年代的並行関係が確認されていきました。つまり、北九州でA式土器が発見される時期が畿内では弥生時代の何様式頃に当たるのかが明確にわかるようになり、紀元前四世紀から紀元後三世紀に至るまでの「弥生土器全国編年」が確立されていったのです。

謎が深まる弥生町遺跡

一方、最初の発見地であった弥生町遺跡の地点については当事者であった有坂をはじめ、坪井らのわずかな記録「僅（わずか）に一筋の往来を隔てたる大学の北隣、即（すなわ）ち旧向ケ岡射的場の西の原、根津に臨んだ崖際」「上野の森や不忍池（しのばずのいけ）を望む」のみが残った状態で明確な地点が判然としないまま、長い間、その発見地が特定されていませんでした。

有力な候補地は五か所推定されていました。

一九七四（昭和四九）年、東京大学工学部の校内で偶然、地元・根津小学校の生徒らが弥生土器を発見、これが契機となり、翌年、東京大学文学部考古学研究室によって発掘調査が実施され、環濠（かんごう）の一部と貝塚遺構を発見。実に最初の発見から九〇年ぶりに本格的な弥生町遺跡の所在確認にメスが入ることになったのです。

そのような中、地元商店町会が中心となって一九八六（昭和六一）年、東大キャンパスの一角に「弥生式土器発掘ゆかりの地」という記念碑が建立されました。「発掘ゆかり」という語句がミソです。

さらに、その後も東京大学校内の改築・新築工事に伴う発掘調査が三〇か所以上も実施され、この遺跡群が大規模な環濠集落で、その広さは実に一万三〇〇〇平方メートルと推定されています。

そして、二〇〇一（平成一三）年に先の「ゆかりの地」記念碑に隣接する工学部武田先端知ビル建設に伴う調査で、弥生時代後期にあたる方形周溝墓と環濠の一部と思われる溝が発見され、出土した土器が形式も模様も明治に発見された「弥生土器第一号」と酷似（こくじ）することも判明したのです。

こうして一世紀にも及ぶ「弥生土器第一号発見地の謎」が今解かれようとしています。

弥生人の生産技術と文化

水稲農耕はどこから伝播したのか？

弥生時代の特徴の一つである「水稲農耕」についての研究も、近年驚異的な進展を示しています。かつて、日本列島への「水稲農耕」はデカン高原アッサム地方から伝播したと考えられていましたが、最近では長江中流下流域からの伝播説が有力となっています。同地域で発掘された河姆渡遺跡などの成果からの新説です。

登呂遺跡での水田跡の発見で弥生時代に本格的な農耕が始まっていたことが明らかになりました。

一九五〇（昭和二五）年、福岡県板付遺跡の発掘調査が開始され、弥生時代初期の水田跡が環濠集落と共に発見されました。次いで一九八一（昭和五六）年には佐賀県菜畑遺跡で縄文晩期の水田跡や炭化米が発見され、今日では稲作農耕が縄文時代から始まっていたことが確認されています。

しかも稲作農耕の波は、弥生時代の早い時期に東北地方にまで伝播していたことが、一九五六（昭和三一）年からの青森県垂柳遺跡の調査で「籾痕土器」「炭化米」に加え六五六枚の「水田跡」などが発見されたことで証明されています。

その一方で、広大な関東平野ではこの農耕の痕跡が長く未発見でしたが、一九九八（平成一〇）年、千葉県芝野遺跡で弥生後期の水田跡が発見され、さらに神奈川県中里遺跡で弥生中期の明確な水田跡が発見されたのです。

その後、弥生の水田遺構の発見も、近畿、東海、北陸地方を中心に二〇〇〇年代以降、増加しています。

一九二八（昭和三）年に発見されて以降著名だった大阪府安満遺跡では、弥生前期の水田跡が九〇〇〇平方メートル以上も発見され、畦で長方形田に造成し、高い水田から低い水田に水を流す工夫もしていました。この遺跡では、前期末に大洪水があり、水田がパックされて残されたために、二〇一八（平成三〇）年の発見につながったようです。

この遺跡が日本で初めて、弥生時代の「生産域たる水田」と「居住域たる集落」そして「墓域たる方形周溝墓群」がセットで発見された遺跡です。調査は現在でも継続されていて、前期から中期の環濠も発見されています。

中西遺跡・第31次調査弥生水田遺構
（提供：奈良県立橿原考古学研究所）

奈良県中西・秋津遺跡では、三〇次以上の調査結果から、前期の水田面積が四万三〇〇〇平方メートルあることも確認されています。周辺の地形などを考えると総計は一〇万平方メートルを超えると推定されています。水稲が伝播してまもない時期に灌漑（かんがい）施設を伴って本格的な水稲農耕が展開していたことになります。この遺跡では、一つの区画が約九平方メートルと小さく、「小区画水田」と呼ばれるものが見られます。面白いのは、水田内に弥生人の「足跡」が残っていたことです。全国的にも「足跡」はいろいろ発見されていますので、これで弥生人の身長、体重、健康状態などがわかります。

朝鮮半島との交流を示す遺物

遺跡で発見される具体的な「水稲農耕」関係の遺構・遺物とは別に、最新の「レプリカ法」に代表される科学的分析法で、この問題へのアプローチが進んでいます。

イネの栽培以前にアワ・キビなどの雑穀類栽培が朝鮮半島では確認されており、日本列島でもイネ伝来以前に雑穀類栽培がおこなわれていた可能性があります。そこで、全国各地の縄文時代後晩期から弥生時代初期の遺跡出土土器を「レプリカ法」で調べた結果、九州・瀬戸内・近畿地方ではアワ・キビ類より早くイネが出現し、北陸・関東地方ではイネより早く雑穀類が出現しているようです。ただし、アワ・ヒエ・エゴマは粒径が微小なため発見しづらいのに対し、イネはやや大きめでわかりやすい粒のためかよく確認されます。事実、神奈川県では種子圧痕跡の約九割がイネでした。

また、炭化米の出土例も全国的に増加しています。長野県橋原、神奈川県鴨居上ノ台、同県真田・北金目遺跡では大量の炭化米出土で注目されています。少し変わっている例では、石川県杉谷チャノバタケ遺跡という高地性集落では「おにぎり状」炭化米が発見されています。

朝鮮半島ではイネと雑穀類栽培が同時期に営まれていたので、列島にも同時期に伝来してもおかしくはないのですが。灌漑や水田耕作など大規模な集団作業を必要とするイネを取りいれる社会体制がまだ構築されていなかったのかもしれません。

このように朝鮮半島との密接な関係を示す事例としては、当時、日本列島への玄関口と思われる長崎県壱岐原の辻遺跡から海外からの品物と日本のそれを物々交換するために使用されていた「日本最古の権」が発見されています。これはハカリに使う「おもり」で石製でした。

同遺跡では、鉄器青銅器装身具も多数出土しており、一ミリ以下の精緻な泡玉、ガラス玉をいくつも連ねた装飾品も出ています。また、中国製土器や貨幣（紀元後一世紀の新で鋳造された貨泉）が福岡県今宿五郎江、島根県山持、同南講武草田、鳥取県青谷上寺地遺跡などで出土しています。

これは、楽浪郡や半島南部の三韓国（辰韓、弁韓、馬韓）から交易船が多数九州・山陰にきていたことを示唆しています。

弥生土器に描かれたものとは

弥生土器の研究は、戦前、京都帝国大学考古学研究室によって実施された奈良県唐古池遺跡（現在の唐古・鍵遺跡）の発掘調査で、近畿地方の「弥生土器編年体系」が確立したことはすでに触れました。

尾張平野を中心とする東海地方では、後期代を八王子古宮式→山中Ⅰ式→山中Ⅱ式（土器型式はそれぞれ出土した代表的遺跡名を標式にしています）と現在では編年体系が確立しています。

関東地方でも集落が増加してくる後期代を中心に研究が進んでいます。同じ型式の土器群を保有する集団の動きを、その土器の分布圏と把握すれば、ある程度のテリトリーが推定できます。東京湾東部神奈川県地域では朝光寺原式、東京湾相模湾地域では弥生町式、東京北部から埼玉県地域では吉ヶ谷式、東京湾西部千葉県地域では臼井南式、房総半島南側地域では久ヶ原式の分布状況が確認されています。

弥生土器の研究が進んでくると、畿内の土器に「絵画」「線刻」されたケースが多く報告されてきました。弥生中期代の土器に多く、奈良県中曽司、唐古・鍵、上ノ山、清水風遺跡などで特徴的な絵画が発見されています。

中曽司遺跡例は竜や住居が、総計五〇点以上出土した清水風遺跡例では人物と建物がまさにお祭りをしている場面のように描かれていました。同じく総計三五〇点以上出土した唐古・鍵遺跡で発見された「楼閣風建物」絵画は、中国風建物と思われ、現在これを模した建物が現地に建てられています。

高度な木工技術を示す木器の発見

日本列島は原則として「酸性土」で覆（おお）われていますので、人骨や植物質など有機物が残る可能性が低いのが現状です。しかし、水分が常時豊富な池、湖、潟湖（せきこ）、河川地やアルカリ性が強い貝塚、貝層部では奇跡的に人骨、有機物が良好な状態で発見されることがあります。縄文貝塚で人骨がよく発見されるのはこのためです。

一九九八（平成一〇）年、鳥取県で道路建設に伴う発掘調査で検出された青谷上寺地（あおやかみじち）遺跡は、ＪＲ青谷駅南側に広がる低湿地であったため、この時代初の「窓状木製品」をはじめとする大量の木製品、二五〇点を超える鉄斧、ノミ、ヤリガンナ、銅鐸（どうたく）片などの金属製品、国内最多の九五点の「卜骨（ぼっこつ）」（シカやイノシシの骨を焼いて吉凶を占った）などが出土しました。そして、バラバラに投げ込まれたような状態で発見された約六五体分の人骨内から「弥生人の脳」が偶然発見され大騒ぎになりました。

人骨が残るケースは多いものの、内臓や脳が良好に残存することは非常に珍しいといえます。

日本海側では石川県八日市（ようかいち）地方遺跡でも、二つの河川両岸に三重の環濠で囲まれた住居

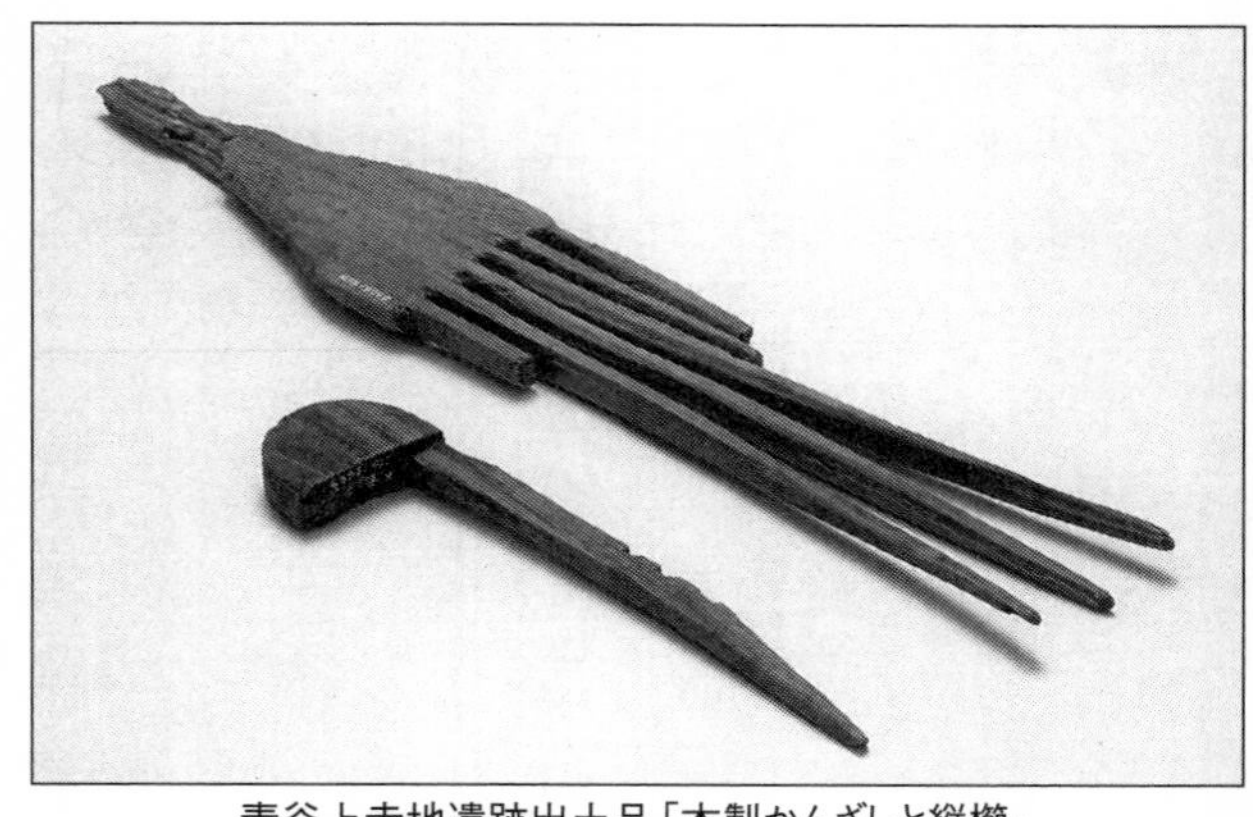

青谷上寺地遺跡出土品「木製かんざしと縦櫛」
（提供：鳥取県とっとり弥生の王国推進課）

域と、三〇基を超す方形周溝墓で構成された墓域が発見されています。弥生時代中期に属し、一八〇点以上の碧玉製管玉、翡翠製勾玉など玉類、そして「柄付き鉄製ヤリガンナ」（長さ一六・三センチ、幅三・五センチ）が装着したまま発見されています。良好な木製品の出土数も多く、当時の木工技術を知るうえで重要な遺跡となりました。

邪馬台国問題で有名になった奈良県纏向遺跡でも二〇一八（平成三〇）年の第一九五次調査で、以前、三世紀前半の井戸状遺構内から「赤塗り木製盾」「木製仮面」が出土した隣接大溝内から、「木製盾」「木製サヤ」「梯子」「木鏃」（弓の矢じりを木製で製作）、「竪杵」（餅つきなどに使う脱穀用具）、「舟形木製品」「横槌」など大量の木製品が出土しました。また、同遺跡二例目の「卜骨」も出ていますので、この大溝周辺がなんらかの祭祀儀礼場だった可能性が強まりました。

関東地方でも千葉県国府関（こうせき）遺跡では旧河道から四九〇点以上の木器・木製品が出土しています。作りかけの鋤（すき）、鍬（くわ）、エブリ（農具）、わらの加工に使用したと思われる横槌、梯子、弓、トビラ材、杓子、木製高坏（たかつき）、琴板などで、これだけ多種な品数が出土したのに、木工加工用具が未発見なのは不思議で珍しいところです。

金属器研究の最前線

青銅製武器類の発見

かつて縄文時代と弥生時代の大きな違いは、「水稲農耕の開始」「青銅器・鉄器などの金属器の導入」「身分差階級差の出現に伴う小国誕生」という三点が指摘されてきました。

このうちの金属器については、古くから北九州地域で「甕棺墓（かめかんぼ）」内から「銅鏡」「銅剣」「銅矛（どうほこ）」「銅戈（どうか）」などの青銅器が埋葬されていた事例が多く報告されていました。

福岡県立岩（たていわ）遺跡では大型「甕棺墓」内に銅鏡六面に銅剣、銅矛が一括で発見されています。同県桜馬場遺跡では、「甕棺墓」の中に中国製後漢鏡二面、銅釧（腕輪）二六個、巴形銅器三口、ガラス小玉、鉄刀破片などが一緒に出土しています。

弥生時代の大環濠集落として現在では全国的著名遺跡となった佐賀県吉野ヶ里遺跡では、北墳丘墓から銅剣八本と把頭飾付銅剣二本（うち一本は有柄式）が発見されました。有柄式は四四・三センチもの大型剣でした。

把頭飾付銅剣は二〇一〇（平成二二）年、福岡県岸田遺跡でも、八六基発見された甕棺墓、木棺墓、土坑墓内から五点の銅剣、三点の銅矛と共に出土しています。

北九州地域で青銅製武器類がこれだけ多数発見された例は、ここにあげた二遺跡に加えて福岡県吉武高木遺跡の一一点出土例しかありません。岸田遺跡が海岸からかなり離れた奥部で青銅武器類が多数出土した理由は、この地が福岡平野と佐賀平野を結ぶ要衝地だったためと思われます。

「近畿は銅鐸、北九州は銅剣」と思われていたが…

一方、近畿地方では謎の遺物といわれる「銅鐸」が平安鎌倉時代からよく知られていました。

国宝・銅剣・島根県出雲市荒神谷遺跡出土
（国〈文化庁保管〉、提供：古代出雲歴史博物館）

滋賀県大岩山遺跡出土の「銅鐸」については、江戸時代の人々がこのへんなモノを「不思議な仏教で使う道具」と思っていたようです。

兵庫県桜ヶ丘遺跡では一四個もの銅鐸がていねいに穴に収められた状態で見つかりました。そこで、一九八〇年代までは「近畿地方中心の銅鐸文化圏」×「北九州中心の銅矛・銅剣文化圏」の対立図式が想定されていました。

しかし、一九八四（昭和五九）年、島根県荒神谷遺跡で林道建設工事に伴って偶然三五八本もの銅剣が発見されたのです。

急な山の斜面にわざわざカットして平坦部を造成し、ていねいに整然と四グループに分けて、「銅剣」がおかれていたのです。当時まで全国で発見されていた「銅剣」の本数が約三〇〇本だったので、なんと荒神谷遺跡だけでそれと同じくらいの本数が発見されたことになります。

しかもこの大発見を受けて、当時開発途上だった「地中レーダー探査法」で隣接地に試行実施したところ、なんと約七メートルはなれたところで「銅鐸六個」「銅矛一六本」が同じように整然とおかれていたのです。

さらに島根県での大発見が続きます。

一九九六（平成八）年、荒神谷遺跡からわずか三キロしか離れていない加茂岩倉（かもいわくら）遺跡から三九個の銅鐸が発見され、その内訳は約四五センチクラスが二〇個、三〇センチクラスが一九個でした。面白いことに、大の「銅鐸」の中に小の「銅鐸」がはいった「入れ子」状態での発見でした。

銅鐸はいつ、どう使われたかという謎

このように、「銅鐸」は大量出土地で有名な滋賀県大岩山、兵庫県桜ヶ丘遺跡でも共通するように、だいたい、あまり人々がふだん生活していたような平地ではなく、山奥や人々

がいかないような鄙びた辺地で見つかります。この発見状況については、「ふだんは土中に埋めておき、祭時にだけ掘り出して使い、その後また埋めた」説や「ムラに何かあった時に使い、終わったら埋めた」説など出ています。

しかし中には、奈良県大福遺跡のように、まれに「方形周溝墓」の溝の中にピッタリはまったように発見されている例や、大阪府跡部遺跡のように銅鐸の鰭を垂直に立てて、ていねいに埋納した例などもあります。

ところで、島根県での大発見のあと、これらの「青銅器」成分を化学分析したところ、ほとんどが中国大陸・朝鮮半島産の「鉛」を使っていたことがわかりました。つまり、何百キロもの「鉛」をそのままで、または加工して、はるばる日本列島に運ばれてきたことになります。

青銅は鉛・銅・スズの合金ですが、鉛には炭素と同様に同位体が四種類あり、その「鉛同位体比」には産出した鉱山ごとに異なる特徴があります。そこで、この同位体比を分析することで、青銅製品の原産地鉱山が推定できることになります。現在までの研究では、弥生時代中期までは朝鮮半島産、後期になると中国大陸華北産、末期になると中国大陸華南産が日本列島に運ばれていたようです。

一九七四（昭和四九）年、大阪府東奈良遺跡で銅鐸の鋳型がほぼ完全な形で発見されました。その後、この鋳型で製作された銅鐸本体も兵庫県などで発見されていたこともわかり、具体的な「青銅器製作」実態が解明されました。九州の福岡県須玖岡本遺跡では「銅鏡の代表である多紐細文鏡の鋳型」が出土し、従来は朝鮮半島だけで製作されていたと思われていた鏡が、日本列島でも紀元前二世紀に製作していたことがわかりました。

大阪府東奈良遺跡出土・銅鐸鋳型（著者撮影）

その後も、福岡県宇木汲田や長崎県里田原遺跡でも同種の鋳型が発見されています。ちなみに、この須玖岡本遺跡では青銅器だけでなく、鉄器、ガラス工房遺構も発見されています。しかも、鋳型だけでも「ガラス勾玉」「銅矛」「銅鐸」「銅鏃」「銅鏡」「銅剣」など多種多彩で、同遺跡はまさに「弥生時代のテクノポリス」と呼べる内容です。

一方、銅鐸鋳型の出土も佐賀県吉野ヶ

里、愛知県朝日、福井県加戸下屋敷遺跡など各地で増加しています。

銅鐸を鳴らす「舌」と紐を発見！

二〇〇七（平成一九）年、これまた大発見がありました。長野県柳沢遺跡で「銅戈」八本と「銅鐸」五個が同じ土坑から発見されたのです。全国的に見ても、同一土坑内で「銅戈」「銅鐸」が一緒に発見されるのは兵庫県桜ヶ丘遺跡以来二例目です。しかも、「銅戈」のタイプが異なる型式だったことも注目され、さらに成分化学分析をしたところ、スズ成分が多いグループとスズ成分が少ないグループに分かれました。不思議です。

東日本でも「青銅器」のうち、銅剣、銅釧などは、これまでいくつかの遺跡で発見されていましたが、このように東でも長野県という山岳地で検出された点が大発見です。

そして、二〇一五(平成二七)年、兵庫県淡路島松帆遺跡で衝撃的な発見がなされました。なんと七個の銅鐸と一緒に、舌（銅鐸を鳴らす振り子）、その舌を吊り下げていた紐も発見されたのです。銅鐸をどのように使っていたのかは古くからの疑問でした。鐸の内側に打痕が残っていたことから、なんらかの道具を使用していたと推測されていました。型式から弥生時代前期から中期に製造されたものです。

淡路島松帆遺跡の銅鐸
（提供：南あわじ市教育委員会）

これまで、舌の発見は二例ありましたが、今回のように鐸内が明確な状態での発見は初めてです。しかも、その後の分析でこれらの銅鐸が「朝鮮半島産」鉛を使用していたこともわかりました。

弥生人にとっては、一番の最新ハイテク技術であった「金属器」を持つことは道具として便利なだけではなく、生活向上に大いに寄与したようです。

三角縁神獣鏡と邪馬台国論争

北九州地域では古くより「甕棺墓」内で「銅鏡」が数多く発見されていました。最近では、佐賀県吉野ヶ里遺跡でも、右腕に一五個、左腕に一一個の「イモガイ製貝輪」を装着した女性を埋葬した「甕棺墓」から中国前漢鏡が出土しています。

このように出土する「銅鏡」が中国の「前漢」「後漢」時代の鏡であることから、弥生時代が前漢（紀元前二〇二～紀元後八年）、後漢（紀元後二五～紀元後二二〇年）の時代間に収まる根拠と考えられていました。

ところで、一九一二（大正元）年、富岡謙蔵が「三角縁神獣鏡は魏晋鏡」と提唱して以来、この独特な「三角縁」鏡群が注目され、戦後、小林行雄が有名な一連の「三角縁神獣鏡研究」を発表します。三角縁神獣鏡が卑弥呼ら倭国に下賜された鏡と考え、この鏡が続く「ヤマト王権」に引き継がれ、その支配過程で服従した各地の首長層にヤマト王から下賜されたとする「分配論」です。

しかし、その一方で本当に「三角縁神獣鏡が卑弥呼に下賜された鏡か」という点や、どういうわけか中国本土でこの鏡が一面も発見されないことから「三角縁神獣鏡本当の製作地はどこなのか?」という問題点、そして邪馬台国が大和にあったとするならば「なぜ三角縁神獣鏡が大和内部地域では出土しないのか」といった疑問・異議も「邪馬台国反大和説」グループを中心に出されてきたのです。

邪馬台国を九州と考える研究者は、下賜された鏡は北九州などで発見される小型「前漢鏡」「後漢鏡」類をその候補に想定していますし、一方、大和説をとる研究者の中にはこの鏡の製作は、中国王朝が海外朝貢国への「特別下賜専用特鋳鏡」であったから、すべて他国の使者に配布したため、中国本土で未発見なのだという説も出ています。

「大和内部で未発見」という点では、一九九八（平成一〇）年、天理市黒塚古墳から三三面、二〇〇〇（平成一二）年に御所市鴨都波一号墳から四面発見され、大和盆地中央部にもかなりの三角縁神獣鏡が存在していることが確認されています。

「三角縁神獣鏡」に関しては、二〇一六（平成二八）年、石川県小田中親王古墳（四世紀後半）から一面出土して話題となりました。それは、宮内庁管轄の「陵墓」「陵墓参考地」からの出土であったこと、さらにこの鏡が中国鏡と国産鏡の中間的な特徴を持っていたことです。

二〇一〇（平成二二）年には埼玉県で初めて発見され、これでこの鏡は全国で約五六〇面近く発見されたことになり、関東地方でも群馬県一三面、神奈川県、千葉県各二面、茨城県一面の発見となりました。

鉄器はいつ渡ってきたのか？

わが国では金属器文化が鉄器・青銅器がほぼ同じ時期に伝来したことが早くから知られ

ていました。

従来世界史上の流れでは、人類の文明手段は「石器→青銅器→鉄器」と発展してくると定説化していました。

しかしながら日本列島はユーラシア大陸東端海上にあるため、文化伝播経路では最終到達地ということからか、「青銅器・鉄器」がほぼ同時期に伝来したようです。

現在まで弥生時代の鉄器出土状況は、鉄斧、刀子（とうす）、ノミ、ヤリガンナなどの工具類、鎌、鍬（くわ）先、鋤（すき）先、手鎌などの農具類、鉄釣針、鉄銛などの漁具、鉄剣、鉄刀、鉄矛、鉄戈、鉄鏃（てつぞく）などの武器類が検出されています。

中でも、鉄剣が墳墓遺構からかなり多く出土しています。一番古い例は弥生時代前期代で、福岡県岡本遺跡例があげられています。その後、中期にはいると立岩遺跡甕棺墓、吉武樋渡（よしたけひわたし）墳丘墓内出土例が代表で、以降、弥生時代末期さらに古墳時代前期まで継続しています。

鉄剣は大きく、「短剣型」は長さ一四〜二〇センチ未満、「長剣型」は長さ二五〜四五センチに分類されていますが、佐賀県二塚山（ふたつかやま）遺跡出土例は長さ五一・二センチという長大なものです。面白いことに、福岡県門田（もんでん）、立岩遺跡出土例には「木柄（きづか）」に糸巻きの痕跡がありました。

近畿から中部高地、関東地方では後期になると、墳墓群で鉄剣が副葬されてきます。京都府赤坂今井墳丘墓、大風呂南墳墓、福井県原目山墳墓などからも出土しています。一方、長野県篠ノ井遺跡の円形周溝墓、群馬県有馬遺跡の礫床墓、東京都弁財天池、多摩ニュータウンNo.200、千葉県ヲサル山遺跡の方形周溝墓という「墓制形態」が異なるものの鉄剣副葬が見られています。さらに、弁財天池と多摩ニュータウン遺跡では一緒に「鉄釧」も出土しています。「釧」については、縄文時代の「貝輪」との関係性が注目されている特殊遺物になります。

関東地方の農耕具としての「鉄鎌」を見ると、埼玉県土屋下、B一七号、茨城県根本、髭釜遺跡などでは、弥生時代後期の住居跡から発見されています。

先述したように銅鐸の大量発見で注目されている兵庫県淡路島では、鉄器も大量に出土しています。

鉄器総数一二七点が発見された五斗長垣内遺跡、同五七点発見された舟木遺跡などで、出土鉄器が棒、板状が主流なため、朝鮮半島からの輸入品と見られています。

鉄器の国内生産はいつ始まったのか？

以上の鉄器出土現状から、日本国内での鉄器生産は青銅器のそれよりやや遅くなり、弥生時代中期後半頃と推測されています。その理由としては、青銅器が製作されるために「鋳型」が必要であったが、青銅より融点が高い鉄は製作するのに「鍛造（たんぞう）」が必要で、これを作るために鍛冶工具類が多種用意されなければなりません。その準備がたいへんだったようです。

後期になると、北九州地域で鍛冶工具類が進歩して、鉄器生産も本格化していったようです。事実、二〇一六（平成二八）年、滋賀県稲部（いなべ）遺跡で、三世紀前半の鉄器工房群や大型建物が検出されています。工房跡からは鉄鏃や鉄滓（てっさい）が発見されています。

金属器生産に絡む発見として、「弥生のテクノポリス」と称せられている福岡県須玖岡本遺跡から二〇二〇（令和二）年に弥生中期～後期の「権（けん）」（重さを測る分銅）が八点出土しました。これは、朝鮮半島の茶戸里（たおり）遺跡で出土の「権」約一・一グラムを、三倍、六倍、二〇倍にした重さでした。このことから、当時はすでに重さ基準は「十進法」を採用していた可能性が高いことがわかります。

弥生墓制の最新研究

「再葬墓」とアジアの関係

弥生時代の墓制については戦前より北九州地方での「甕棺墓（かめかん）」群の存在がよく知られていました。福岡県金隈（かねのくま）遺跡では弥生時代前期から後期まで数百年間にわたって利用された「共同墓地遺構」が発見され、五〇〇基近くの甕棺墓、土坑墓、石棺墓からさまざまな副葬品を伴って一三九体の人骨も検出されていました。

同県では立岩、桜馬場、板付遺跡などでも大量の「甕棺墓」が発見されていました。それらの中で、副葬品に土器のみならず、多種の青銅品、玉類を伴う例も多く、階層分化の進展度を示す好例と考えられていました。

一方、一九五一（昭和二六）年、地元の研究者が持ち込んだ「ゴホウラ製貝輪」を見て、発掘調査へと進んだ山口県土井ヶ浜遺跡では、本格的な調査が一九五七（昭和三二）年から開始されました。この遺跡は弥生時代の共同墓地で、現在までの発掘で約三〇〇体近く

土井ヶ浜遺跡第4号石棺実測図（土井ヶ浜遺跡・人類学ミュージアム）

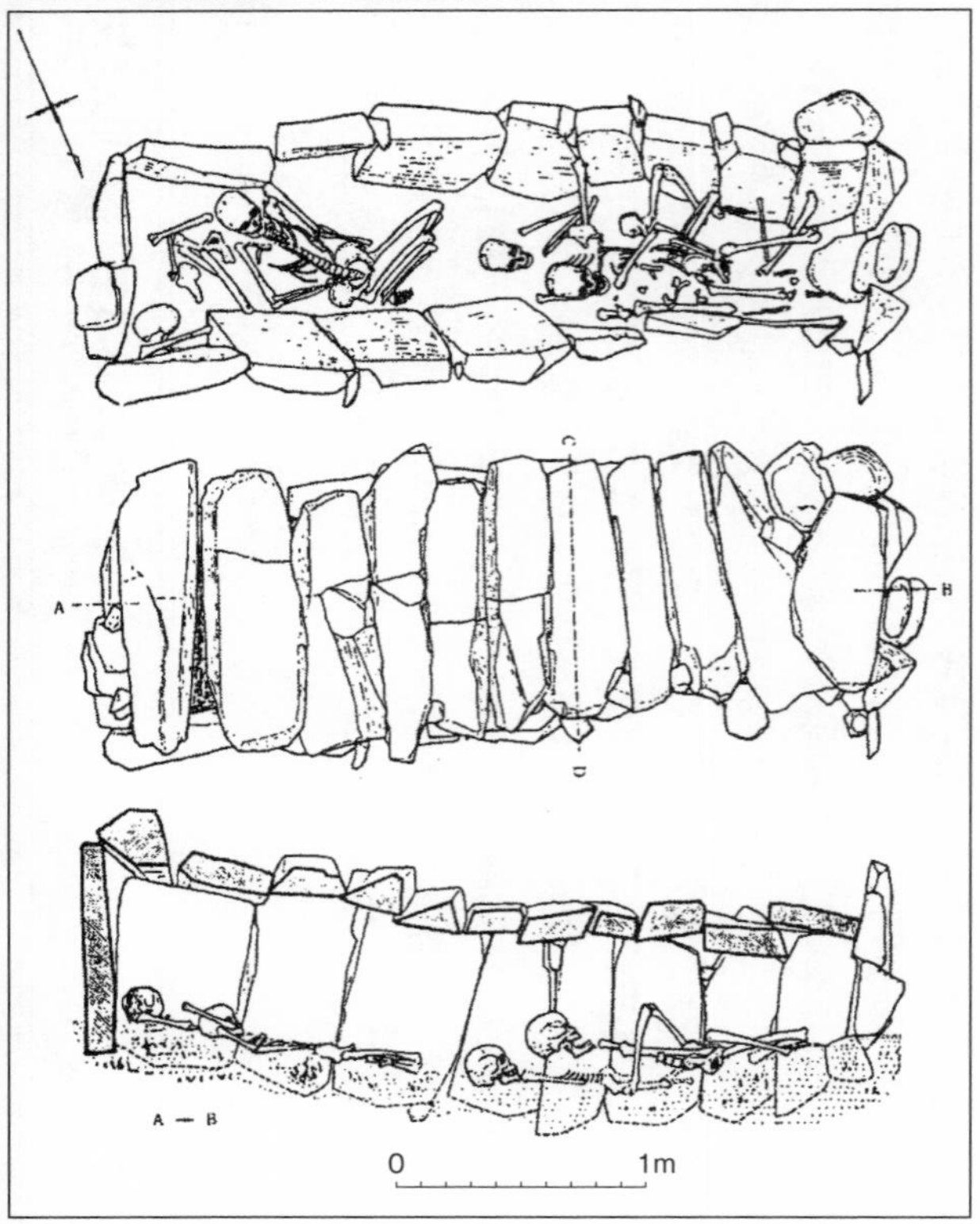

の人骨が発見されています。三本の石鏃（せきぞく）が撃ち込まれた戦士の人骨、鵜（う）の骨を伴うシャーマンの人骨と多種多彩な人々の墓地でした。なお、この「鵜」については、コラーゲン分析最新研究からコミミズク大のフクロウ科の鳥であることがわかっています。

一方、関東地方から東北地方にかけては戦前から「再葬墓」と呼ばれる、いったん死者を埋葬して有機物が溶解したあと、残存した人骨だけをとり上げて専用土器などに収納し、再度埋葬する墓制が注目されていました。このような「改葬」儀礼は西アジアから東南アジアにも民族事例として残っているので、両者の関係が大いに注目されています。

一九六三（昭和三八）年、千葉県天神前遺跡が杉原荘介（そうすけ）らにより調査され、本格的な「再葬墓」研究が始まり、一九七九（昭和五四）年に栃木県出流原（いずるはら）遺跡、一九八七（昭和六二）年に埼玉県横間栗（よこまくり）遺跡と相次いで良好な遺跡例が発見されました。

そして二〇〇二（平成一四）年、千葉県志摩城（しまじょう）跡遺跡から総計六〇基以上の「再葬墓」が発見されました。同遺跡は元来、中世城郭であった高地上の立地で、そのような環境下にこれだけの「再葬墓」が隠れていたことは非常に珍しいケースです。

弥生期を象徴する方形周溝墓の広がり

一九六四（昭和三九）年、東京都宇津木（うつぎ）向原（むこうはら）遺跡で発見された「方形周溝墓」という墓制が、その後、全国各地で類例が増加して、現在では大学入試問題にも出題されるほどの「弥生時代汎日本的な代表墓制」となりました。

大阪府瓜生堂第二号・方形周溝墓（著者撮影）

現在では北は宮城県から南は鹿児島県まで発見されています。一九七〇年代後半に調査された大阪府瓜生堂遺跡で、この墓制もある程度の盛土があったことが確認されています。

同じ大阪府郡・倍賀遺跡では、弥生中期〜後期の方形周溝墓群が全国最多規模の一四〇基以上発見されています。

二〇一四（平成二六）年、岐阜県荒尾南遺跡では、弥生時代中期以降の方形周溝墓約二六〇基、同時期の竪穴式建物跡約五六〇棟も発見されました。遺跡の中央を通る道を挟んで、計画的に方形周溝墓が構築されていたプランがわかります。このような造墓プランについての研究は、一九八〇年代の福井県吉河遺跡例、静岡県山下遺跡例の分析から深化されています。弥生人らが緻密な計画性をもって集団墓を

大阪府安満遺跡／弥生時代の方形周溝墓（著者撮影）

造営していったことがわかります。

発見から約六〇年たって、二〇二一（令和三）年には江戸東京博物館で記念シンポジウムも開催されました。このシンポの記念講演を委託された筆者は、六〇年間の研究史と本墓制の特徴、今後への展望、高塚古墳との関係など詳述しました。

現在の知見では、香川県佐古川・窪田遺跡などに代表される最古例が瀬戸内海地域で発生し、その後、大阪湾沿岸地域の大阪府安満、池上・曽根遺跡、兵庫県東武庫遺跡などにほぼ同時期に広がり、すぐに朝日遺跡に代表される尾張平野に伝播していきます。その尾張平野では、「四隅の切れるタイプ」が主流となって東へ移っていきました。

このタイプを保有していた集団が、駿河湾沿岸地域、中部高地地域を東遷し、関東平野に入ってきました。近

安満遺跡（近畿住宅）略図

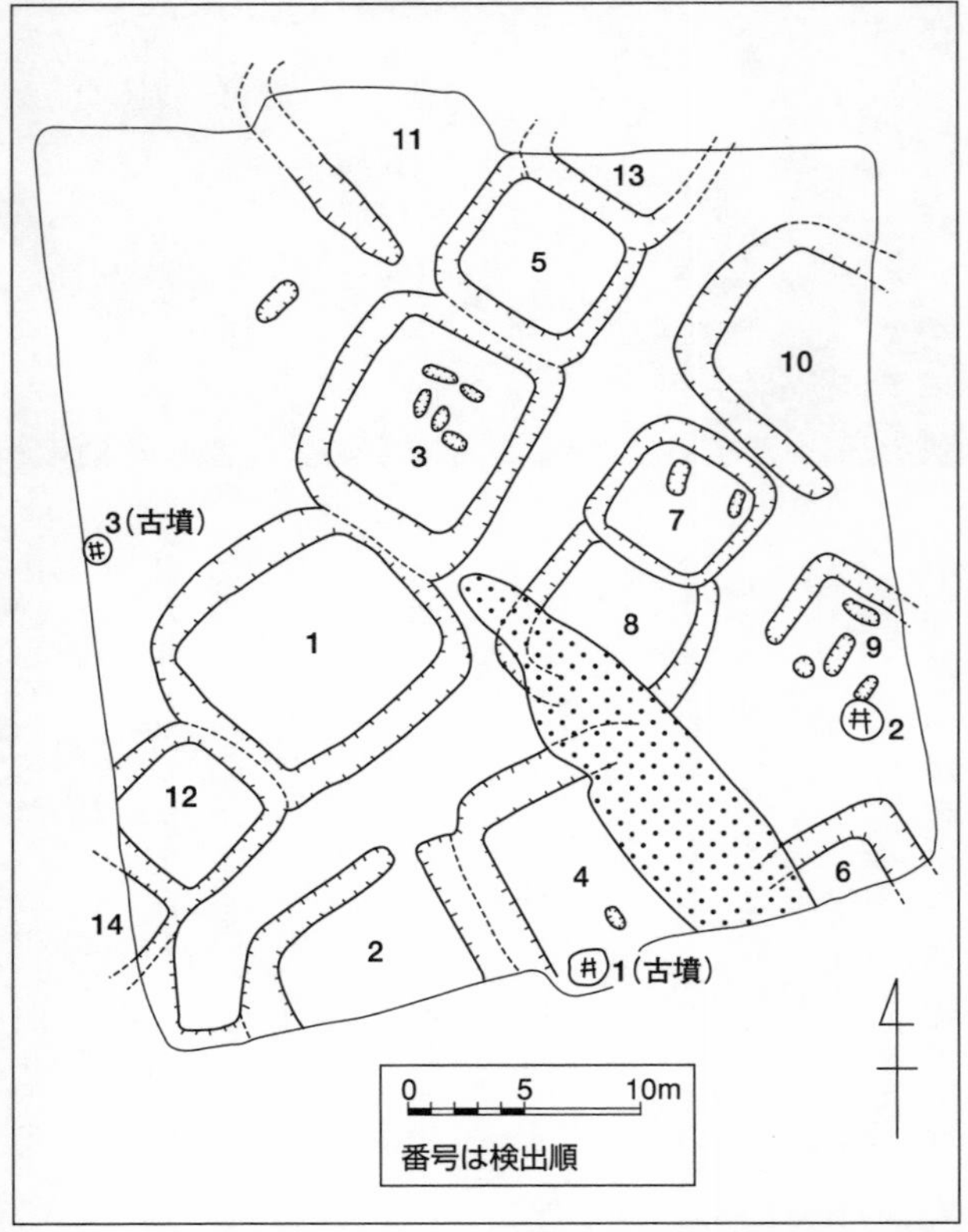

出典：高槻市教育委員会『現地説明会資料』

神奈川県権田原遺跡の方形周溝墓群（著者撮影）

宇津木向原遺跡発見四〇年を記念し、東京八王子市でおこなわれたシンポジウムの本『方形周溝墓研究の今』（雄山閣）

年発掘された神奈川県中里遺跡で「四隅の切れるタイプ」の最古例が発見されています。

この中里遺跡を起点に、一九七三（昭和四八）年調査の方形周溝墓群と環濠集落がセットで発見された神奈川県大塚・歳勝土（さいかちど）遺跡、一九九五（平成七）年調査時には関東最古といわれた方形周溝墓群と水田跡を伴う千葉県常代（とこじろ）遺跡、大環濠集落と方形周溝墓群の千葉県大崎台、寺崎、埼玉県午王山（ごぼうやま）遺跡などへ拡散していったと思われています。

つまり、この東日本への伝播状況を克明に分析しますと、最古段階がすべて「四隅が切れるタイプ」と限定され、水稲農耕の初限時期と一致していることから「本格的農耕集団＝方形周溝墓保有集団の移住」とする意見に集約されてきます。

最近、この方形周溝墓制は福島県でも多数発見されています。桜町遺跡では十数基以上の方形周溝墓が発見されていますが、その形態が多種で「四隅の切れるタイプ」「前方後方タイプ」「一辺の真ん中が切れるタイプ」などが検出されています。

続々と発見された「四隅突出墳丘墓」

一方、一九七〇年代から日本海側の島根県、鳥取県を中心に「四隅突出墳丘墓」と呼ばれる方形の四隅に突出部を持つ「ヒトデ形」の独特な墳墓が注目されてきました。時期的には弥生時代から古墳時代に至るもので、次に触れる「弥生墳丘墓」とほぼ同じ範疇の墓と考えられています。

初めの頃は一遺跡一～二基ぐらいの発見だったので、弥生時代のクニの首長墓と考えられ、続く古墳時代の地域の王墓へつながる可能性が高いと期待されました。しかし一九九五（平成七）年から調査された遺跡面積が約一五〇ヘクタール、九〇〇〇棟以上の建物群発見の鳥取県妻木晩田遺跡群内の洞ノ原地区で、三〇基を超える大小の「四隅突出墳丘墓群」が検出されました。この墳墓も方形周溝墓や甕棺墓と同様に集団墓の様相を呈することがわかってきたのです。

現在では、同墓制は石川、福井、富山県でも類例報告があり、飛んで福島県喜多方市館ノ内遺跡でも酷似例の報告があります。弥生時代日本海側の特殊墓制といえます。

弥生墳丘墓から浮かび上がる葬送儀礼

一九八五（昭和六〇）年、岡山県楯築墳丘墓の成果が公表され、調査担当者・近藤義郎が「弥生墳丘墓」という概念を初めて提唱しました。

同墓は中央部に直径約四〇メートルの円丘があり、左右に長方形の張り出し部がつく、ちょうど（中円双方形）ミルキーキャンデー形です。南側張り出し部で長さ約二一メートルが推定され、注目されたのが中央墓坑内に約三三キログラムの「朱」が敷かれていたことです。副葬品は玉類と鉄剣一本でした。

これ以降、各地で明らかな墳丘を持つ弥生時代の墓が、この概念の中に取り込まれていき事例も多数報告されるようになります。

広島県花園一号墓（長三一×短一九メートル）は中期から後期に属し、ガラス管玉一三個出土。京都府丹後半島地区では、日吉ヶ丘方形貼石墓（長三三×短二二メートル）が中期中葉に属し、管玉六七七個以上出土。後期中葉の大風呂南一号墓では主体埋葬部から水銀朱と共に鉄剣一一点、鉄鏃四点、ヤス（突き刺すヤリ状具）二点、銅釧一三点、ガラス勾玉六点、碧玉製管玉二七三点、ガラス釧一点という絢爛豪華な副葬品が発見されています。

丹後地域最大の赤坂今井墳丘墓（長三九×短三六メートル）は、弥生時代終末期に属し、墳丘部一九基および裾部に六基、計二五基の埋葬施設を確認。その一基には、約一二〇点のガラス勾玉・管玉と、鉄剣、ヤリガンナ各一点が副葬されていました。

出土したガラス製品などを理化学分析したところ、青色顔料に「漢青」という中国産顔料が発見されました。製作地が大陸の可能性があります。また、水銀朱の分析では、産地が三重県丹生鉱山と出ました。同鉱山は縄文時代から「朱」の産地で有名なところです。

丹後半島および北陸地方の墳丘墓群では、「墓坑内破砕土器」が意図的におかれていたケースが指摘されています。

例えば、福井県小羽山墳墓群第三六墓は弥生時代終末期の方形墓で、長さ二メートルの木棺墓近くに甕形土器一ヶ体分が破砕され、土器の内側を上に向けて検出されました。口縁部の大きな破片が北側に置かれていて、これが被葬者の頭部を示していたと推定されています。このような精緻な分析研究が、弥生時代における葬送儀礼の地域間交流にも影響を与えていることがわかります。

ところで、奈良県桜井市周辺の纏向遺跡群に所在する三世紀代の墳墓群も「弥生墳丘墓」の一群です。一九八九（平成元）年にはこの遺跡群内の纏向石塚古墳が調査され、三世紀前半の最古級古墳と確認され、その墳形が前方部が短い形で独特なものであったことから「纏向型前方後円墳」と命名されました。

二〇〇〇（平成一二）年には同遺跡群内のホケノ山古墳の主体部調査も実施され、木槨内に木棺をおく古い形の墳墓であることが確認されました。鏡も古いものが出土しています。

このため近年は高塚古墳の発生を三世紀代中頃から後半の時期に考え、まさに卑弥呼が没した年代と重なるとする説が有力となっています。この「纏向型前方後円墳」に類似する例が、千葉県など関東でも報告されるようになっていますので、弥生墳丘墓から高塚古墳へのプロセス解明も時間の問題かと思われます。

吉野ヶ里遺跡と環濠集落の研究

関係者の英断で観光資源となった遺跡

一九八六（昭和六一）年、佐賀県は県営工業団地建設の計画をたて、神埼町（現在の神埼市）と三田川町（現在の吉野ヶ里市）にまたがる吉野ヶ里丘陵を削平する工事を開始しました。

しかし、この地は古くから弥生時代の集落・墓地遺跡として一部の研究者には知られていたため、事前の発掘調査が必要とされ、調査が始まるとすぐに大量の土器・石器の出土とさまざまな遺構の検出があり、丘陵全域に多くの遺構が広がっている可能性が出てきました。

当時、国立歴史民俗博物館副館長であった佐原真がマスコミ数社を連れて現地を訪問して、「邪馬台国が見えてきた」と邪馬台国時代の貴重な遺跡と指摘した結果、にわかに遺跡保存の動きが活発化しました。

佐賀県吉野ヶ里遺跡の竪穴式住居群／復元(著者撮影)

佐賀県吉野ヶ里遺跡の高床式住居／復元(著者撮影)

さらに、巨大な墳丘墓二基と大量の副葬品、環濠に囲まれた物見櫓（やぐら）と楼閣建物などが発見され、佐賀県知事の英断で遺跡保存の方向性が決定されました。一九九一（平成三）年には異例の速さで国特別史跡となり、またたくまに全国的な「吉野ヶ里ブーム」を巻き起こすこととなりました。

これ以前、佐賀県には特別に訪問する史跡観光地もないため、関東の学校が「九州修学旅行」でいく場合、長崎県から佐賀県をスルーして福岡県へ飛ぶのが定石でした。ところが、このブームの凄さは、二〇〇五（平成一七）年四月までに約二六〇万人もの見学者が訪問していることでも如実にわかります。

これは、見学者が一人一〇〇〇円のお土産を購買したら、なんと二六億円が現地に落ちたことになる、いわゆる「観光考古学」の実践例です。これが起爆剤となって、二〇一九（令和元）年、「観光考古学会」（会長・坂詰秀一（さかづめひでいち））が発足することになり、同会は「東京柴又」「東京大森貝塚」シンポジウムなどを実践しています。

環濠集落と高地性集落

中国史書には、紀元後二世紀に倭国大乱（わこくたいらん）（日本国内での争乱）があったとの記述があります。この記述の考古学的遺構として古くから注目されていたのが、環濠集落、高地性集落でした。

環濠集落とは、集落の周囲にV字形の溝・濠（ほり）を巡らすもので、溝の幅は、普通、飛び越すことができない六〜八メートルクラスで、溝の深さも三〜五メートルもありました。中には、愛知県朝日遺跡のような大環濠集落があり、二〇〇〇×一五〇〇メートルの規模を持ち、その環濠内には「逆茂木（さかもぎ）」という木材を濠底にバリケードのように埋め込んでいたのです。

兵庫県会下山高地性集落（著者撮影）

朝鮮半島でも検丹里（けんたんり）、寛倉里（かんちゃんり）遺跡などで環濠集落が発見されていますので、この遺構のルーツもここにあるようです。

高地性集落とは日常の生活拠点の集落とは異なり、極端に比高差がある山地高地上に防御拠点として集落機能を移動させたものです。

ていました。

兵庫県会下山遺跡は、平地とは比高差一〇〇メートルの高地にいくつもの住居が作られていました。

大阪府の南、泉佐野市と和泉市にまたがる池上・曽根遺跡は一九五四（昭和二九）年から大規模な弥生時代の集落遺跡として知られていたのですが、一九六四（昭和三九）年、第二阪和国道バイパス建設に伴って、本格的な発掘が実施されたのです。約六〇万平方メートルにも及ぶ遺跡の一部について、畿内屈指の大環濠集落であることが判明しました。

遺跡の柱材の年輪からわかった年代とは

ところで、この調査中に床面積一三三平方メートル、東西一九メートル×南北七メートルという大型建物と付随するくり貫き井戸が発見され、この残存していた建物柱根が弥生時代の年代観を大きく揺るがす大発見となりました。

二六か所発見された柱穴の中で一七本のヒノキ材柱根が検出されたのです。このヒノキ材柱根を「年輪年代測定法」で計測したところ「紀元前五二年」という数値が示され、一緒に出土した弥生土器のそれまでの年代観が紀元後一世紀であったため、両者に約一〇〇年のズレが生じてしまったのです。このズレをどう考えるかが大きな課題となっています。

「年輪年代測定法」とは、日本列島の各地でよく見られるスギ、ヒノキ材は、一定の地域内では共通の「年輪幅変動パターン」があることをもとに、標準的なパターンを作成して、遺跡から出土する木材に当てはめることで、かなり正確に年代を測定できる画期的な方法です。実際、大阪府東奈良遺跡出土のヒノキ材では弥生前期代を「紀元前四四八年」、兵庫県東武庫（ひがしむこ）遺跡出土ヒノキ材では弥生前期代を「紀元前四四五年」、滋賀県下之郷（しものごう）遺跡出土のスギ材では弥生中期代で「紀元前二〇〇年伐採」という数値が示されています。

関東を中心に見つかった巨大な環濠集落遺跡

環濠集落遺跡については、近年、新事例が多く発見されています。

一九八八（昭和六三）年以来の発掘調査で後期の環濠集落が確認されたのが長野県篠ノ井遺跡群です。規模は長径約一九〇メートルの環濠で、推定面積は二万八〇〇〇平方メートルです。溝の幅は三・七メートル、深さは一・九メートルで断面がU字形なのが特徴です。年代は紀元二〇〇年頃と思われ、まさに「邪馬台国時代」と重なります。

一九九四～九七（平成六～九）年に実施された東京都飛鳥山（あすかやま）遺跡の調査で、弥生中期の長径約二六〇メートル、短径約一五〇メートルという東日本最大級の環濠集落が確認され

日本列島における弥生時代環濠集落の分布の概観

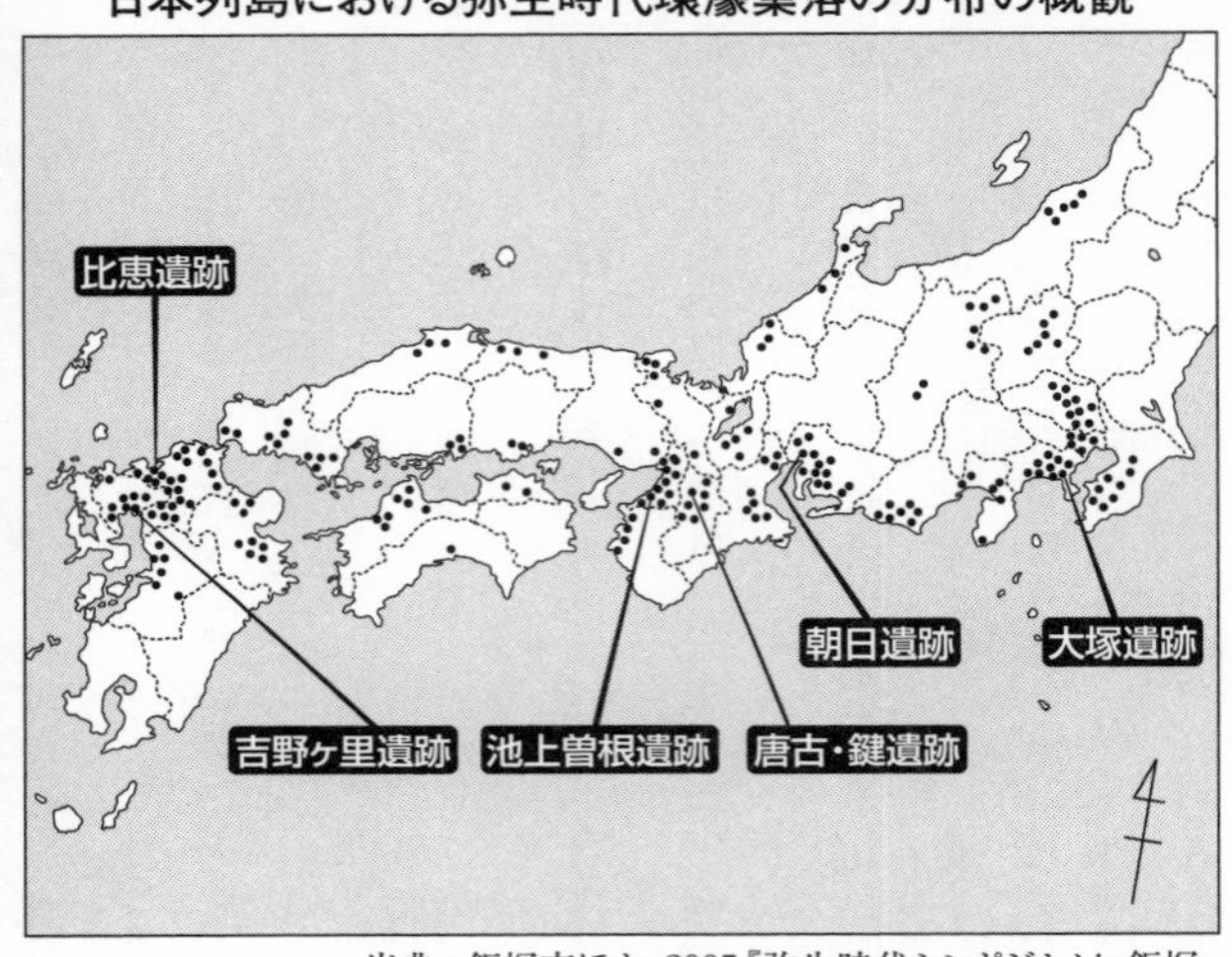

出典：飯塚市ほか、2005『弥生時代シンポジウムin飯塚』

ました。同地は江戸時代の八代将軍吉宗が桜を植えさせたことから「桜の名所」として知られた台地でしたが、一九三七（昭和一二）年、地元の研究者が偶然発見して、その存在が知られていました。

環濠の内側には約四〇軒の住居跡が発見されましたが、状況から最終的には一〇〇軒を超える住居が建てられていたようで、このうち、二五軒ぐらいが環濠とほぼ同時期だったようです。近くの七社神社遺跡で方形周溝墓群が検出されていますので、ここが墓域だったと推測されています。同遺跡の周辺には、同時期の環濠集落として、亀山、御殿前、田端不動坂、道灌山、沖山遺跡と多数確認されています。

神奈川県大塚遺跡・復元環濠(著者撮影)

埼玉県午王山遺跡は荒川に臨む独立丘上に所在する弥生時代後期の大環濠集落です。一九七八（昭和五三）年から一五次にわたる発掘調査が実施され、一五〇軒以上の住居跡と丘縁部には多重の環濠が発見されています。出土した土器群を見ると中部高地系、東海系、南関東系の三系統が確認され、さらに「銅鐸形土製品」「帯状円環銅釧」など特殊遺物も出土していることから、関東地方における後期の地域間交流を考える良好な集落遺跡といえます。このため、同遺跡は「国史跡」に指定されています。

関東地方には、このような独立丘上で環濠集落が多数発見されています。千葉県では古くから大環濠集落の発見が多数報告されていて、大崎台、寺崎、田原窪（たわらくぼ）、根田代（ねだだい）遺跡などがその代表例です。

そしてたいへん著名な例として神奈川県大塚遺跡があげられます。ここでは、隣接した歳勝土（さいかちど）遺跡で二五基の方形周溝墓群が発見されました。標高四五メートルの二ヘクタール内に住居跡九〇軒、掘立柱建物一〇棟の大環濠集落として完全な形で発掘されたのがこの大塚遺跡です。

また、県内では藤沢市稲荷台地（いなりだいち）、若尾山遺跡でも弥生時代の環濠集落が発見されています。

倭国大乱と環濠との関係

近年注目されている遺跡が、神奈川県中里遺跡です。小田原市の酒匂川（さかわ）沖積（ちゅうせき）低地に所在する遺跡で、一九五二（昭和二七）年に弥生土器が出土して知られ、その後、一九九八（平成一〇）年以来、一六次にわたる発掘調査が実施されています。

現在までの結果、弥生時代中期の集落規模は東西約二四〇メートル、南北約二二〇メートル、面積約五ヘクタールが推定されています。

また、これまでの調査では竪穴式住居跡一〇二軒、掘立柱建物跡七三棟、井戸跡六基、水田跡、畦畔（けいはん）跡、方形周溝墓四六基などが確認されています。出土土器の系統も興味深いもので、畿内系、東海系、北関東系、中部高地系、北陸系と、在地系以外にも多種多彩な地域土器が搬入されていたことがわかりました。

方形周溝墓群はすべてが「四隅の切れるタイプ」で、これは一番早い弥生時代中期に駿河湾沿岸を伊勢湾沿岸から伝播していく系統の流れと推測されています。そして、このタイプを造営する集団が「水稲農耕技術」も携行していた可能性が古くから指摘されています。

先に見てきたように畿内の大阪府安満遺跡では、弥生時代前期から方形周溝墓と住居と水田がセットで発見されているので、このような構成組織を持つ集団が東遷していったことが、この中里遺跡などで証明されています。

新潟県古津（ふるつ）八幡山（はちまんやま）遺跡は一九八七（昭和六二）年に発見された弥生時代後期の高地性環濠集落です。環濠が八重にも巡り、その外に方形周溝墓二基も検出されています。主体部には鉄剣や石鏃も副葬されていました。住居跡は四五軒も発見されています。

以上の研究状況から、現在では西日本地域の環濠集落は「倭国大乱」など争乱、戦乱対応防御集落の要素が高く、東日本では東遷してきた移住開拓集団が拠点集落の要素として構築したのではないかと考えられています。

弥生人の精神文化

卜骨儀礼でわかる半島からの移住

弥生時代の遺跡から時折出土する「卜骨」は、吉凶を占うために獣骨を焼いたもので、中期代に初めて半島から伝播したようです。中国では殷代「卜骨」で占う内容として、兵乱・病気・盗賊の逮捕偵察・転任命令是非・農作豊穣・漁獲拡大・天候などが対象であることが記録に残っています。

日本でもこれまで全国で七〇か所以上の出土が報告されていますが、神奈川県三浦半島地域の間口洞窟などに特筆して多いと思われ、先の中国大陸例と同じような基準で実践されていたようです。

鳥取県青谷上寺地遺跡でも大量の卜骨が出土しています。同遺跡は、二本の河川が注ぐ入り江状砂丘に形成されていたので、漁労に関連した丸木舟、櫂、ヤス、釣り針、石錘な

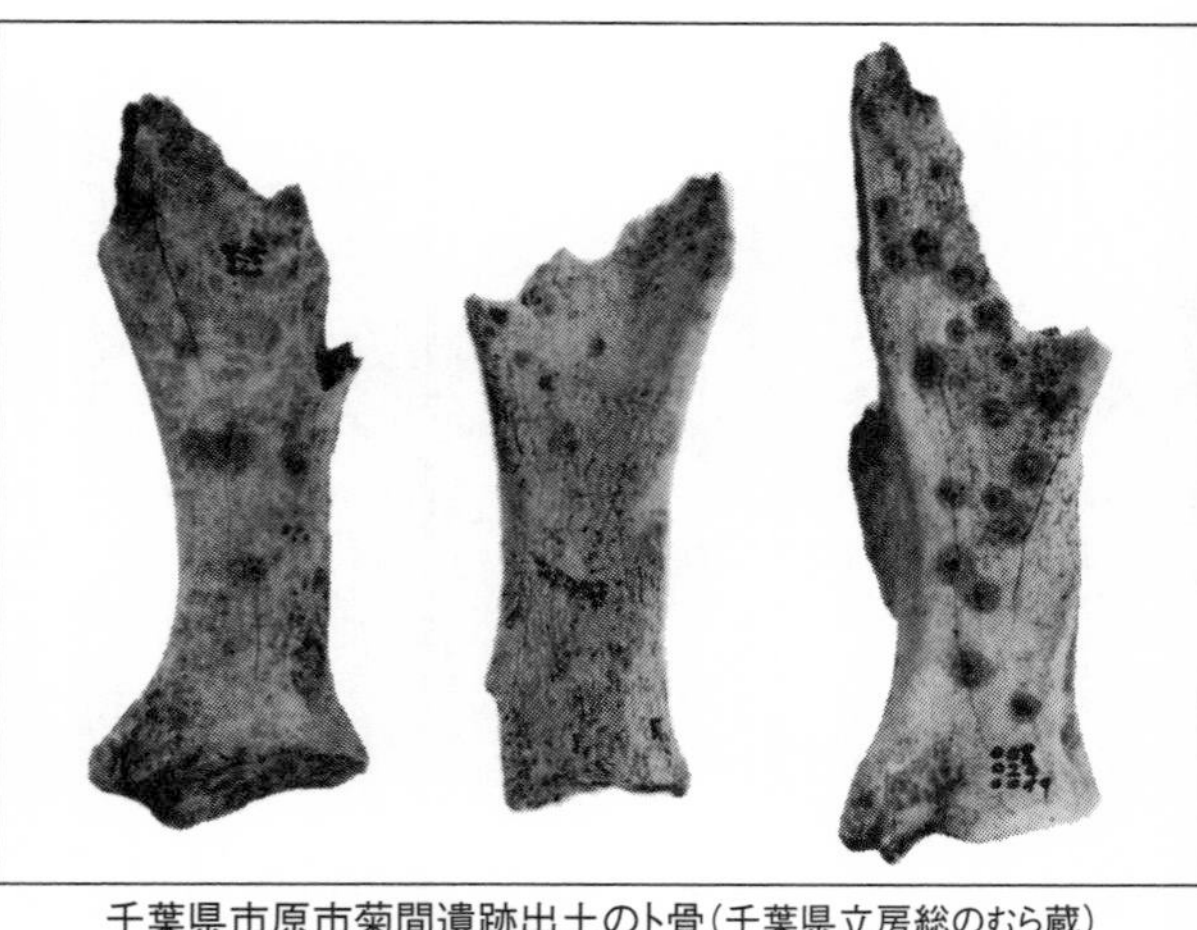

千葉県市原市菊間遺跡出土の卜骨(千葉県立房総のむら蔵)

どの遺物や、水田跡の低湿地では大量な木製品、農具類、炭化米なども出土しています。

卜骨はその総数二二四点、その内訳はイノシシ一二四点、シカ八八点で、卜骨の肩甲骨比率は九八パーセント以上でした。同遺跡では、卜骨には焼灼痕、ケズリ、ミガキ、鑽の属性が見られています。この青谷遺跡独特の傾向は朝鮮半島南部に見られる卜骨と近似しており、卜骨が大量に集積して廃棄されている行為も含めて、両者に密接な関係があったことが指摘されています。つまり、卜骨という精神文化を保有する集団が、朝鮮半島から日本列島に移住してきたことが推定されます。

卜骨を見る場合、東京湾沿岸地域で注目されてきた弥生時代の海蝕洞窟遺跡が三浦半島では約二〇か所発見されています。中でも三浦市松輪の間口洞窟遺跡は弥生時代中後期に属する遺跡で、漁労関係の遺物類と卜骨卜占など祭祀遺物も大量に出土しています。

洞窟は東京湾に面する海崖部に存在し、標高は約五メートルで、洞口幅四メートル、高さは一番高い地点で約六メートル、奥行きは現状で一六～一八メートルの規模です。一九四八（昭和二三）年以来、神奈川県立博物館などが発掘調査を実施しています。

その結果、弥生時代の遺構は、洞口付近の焚火址（たき火跡）と一メートル以上の厚い灰堆積層が発見され、その奥には砂、灰、貝殻の混じった貝層内で、離頭銛（獲物に刺さると柄が離れ、縄を結んだ頭部が残る銛）、銛、ヤス、貝庖丁、貝鏃と一緒に卜骨も出土しています。土器は鉢と甕が主体で、これらの知見から同遺跡は専業漁民の住居と考えられ、同時に灰堆積層の状態から、製塩もある程度おこなわれた可能性が指摘されています。また、落盤岩塊の間に数か所、改葬人骨の埋葬が見られたので、一時的に墓地も兼ねていた可能性もあります。

房総半島では太平洋側の勝浦市こうもり洞窟遺跡で、弥生時代後期の「卜骨」が四二点出土し、シカ、イノシシの肩甲骨、肋骨などの部位例が多く見つかりました。珍しいのがサルの肩甲骨を使用していた例です。同遺跡は食料残滓量が少ない点から定住洞窟ではなかったようです。

最古の文字は弥生時代か？

島根県田和山遺跡は弥生時代の多重環濠集落遺跡として著名なもので、山丘上からは数百個の「石つぶて」が出土し、この集落がなんらかの防御施設だったのではないかといわれています。しかも、山上では九本柱穴遺構が発見され、なんらかの「祭祀」「儀礼」的建物だったと推測されていました。

この遺跡から弥生時代中期後半（紀元前後）の「板状石硯」「硯状石製品」が発見され、その表面に墨書で漢字のような文字が書かれていたことが二〇二〇（令和二）年、研究者からの指摘で判明したのです。「子」か「午」という字と、「戊」か「戌」という字になるのではないかという説が出されています。

しかし、赤外線観測では明確な字形は検出されていないため、この文字説を疑問視する意見も残っています。従来、日本での最古文字例は福岡県や三重県で出土した紀元後二〜三世紀代土器に書かれていた「墨書」のような字が指摘されていました。

日本では現在まで石川県八日市地方、大阪府古曽部、芝谷、奈良県唐古・鍵、兵庫県七日市、福岡県三雲・井原遺跡など全国各地で、この「板状石硯」「硯状石製品」が二〇〇点以上発見されています。近い将来、従来説より二〇〇年古い明瞭な「文字」が発見される可能性は残っています。

ガラス製品の技術の特徴

従来弥生時代の遺跡から出土するガラス製品については、大陸出土のそれと比較した研究が実施されていました。その結果、ガラス小玉の製作技法としては「引き伸ばし法」「巻き付け法」「鋳型法」の三種類に大別されてきました。

「引き伸ばし法」は、ガラス塊からガラス管に引き伸ばして、それを切断する方法で、内部に気泡が孔に平行して伸びる特徴があります。

「巻き付け法」は芯棒に溶かしたガラスを巻きつけるもので、内部の気泡が孔に対して直交となり、孔が直径が大きくなる傾向があります。

「鋳型法」は砕いたガラスを鋳型にいれて再加熱するもので、内部に小さな気泡が乱れる特徴があります。東京都豊島馬場、大阪府東奈良遺跡で鋳型が発見されています。

ガラスそのものの成分分析研究も最近は進んで、蛍光X線分析法で古代ガラスがアルカリケイ酸塩ガラスと鉛ケイ酸塩ガラスに大別されています。前者は、弥生時代前期に北九州に出現し、後期以降増加します。

組成の違いで、西アジアからヨーロッパに広がる「西のガラス」と、アジア地区に多く見られる「アジアのガラス」に区別されています。後者は、弥生時代全般西日本に広がり「中国のガラス」と考えられています。筆者らがベトナム中部クーランチャム島で発掘したガラス製品も「西のガラス」グループと推測されています。

進む「玉」の分析

弥生時代の墳墓から出土する副葬品の中に、管玉、丸玉、勾玉、ガラス玉など玉類が古くから知られていました。

前期には朝鮮半島産管玉が北九州地域で発見されています。一部縄文晩期代の遺跡からも出土しています。水稲農耕技術同様、玉作り技術も縄文時代には伝来していたのでしょうか。

続く中期になると、福岡県吉武高木、同隈・西小田、佐賀県本村籠遺跡のようにかぎられた特定遺跡で他の青銅武器や鏡と一緒に出土するようになります。

一方、日本列島産の主に軟質緑色凝灰岩(ぎょうかいがん)管玉が材料として製作され、島根県沖丈(おきじょう)、広島県岡の段、兵庫県駄坂(ださか)・船隠(ふなかくし)遺跡など日本海側地域を中心に拡大していきました。

後期になると、半島などからの舶載されたガラス玉の普及が拡大し、石製玉類の減少状況が見えてきます。そのガラス玉類は丹後半島の弥生墳丘墓群や中部高地の墳墓群でも多数副葬されています。

近年では、列島内の「玉原石となる碧玉原産地」調査も実施され、石川県片山津玉造(かたやまづたまつくり)、同八日市地方遺跡出土品は、同県滝ヶ原(たきがはら)近辺が原産地であることが科学的分析から解明されています。

また、弥生時代中期以降の出土例が増加する北陸地方の「勾玉」についても、生産遺跡の発見が相次ぎ、石川県八日市地方、新潟県吹上(ふきあげ)遺跡などでは一〇キロ近い碧玉原石や勾玉未成品が多数出土しています。

玉類の出土は、東北日本から北海道地域でも見られ、碧玉製管玉、緑色凝灰岩製管玉、琥珀(こはく)製玉、翡翠製勾玉、滑石製玉などが福島県から北海道にかけて見られます。面白いのは、この時期の玉類は、現状では先述したような、あれだけ隆盛した日本海側に少ない点です。

北海道における戦後考古学の歩み コラム

北海道では、縄文時代には北部の北海道押型文土器ゾーンと南部の本土と重複する円筒式土器ゾーンが広がっていました。続く、本土の弥生時代には続縄文文化が北海道全域に広がる一方、北部にはオホーツク文化が樺太島と重なっていました。

戦後の北海道における発掘調査の主体は、一九六〇年代までは地元の高等学校や大学で組織された調査団が担っていました。

一九四七〜四八（昭和二二〜二三）年に調査された**網走市モヨロ貝塚**では、札幌西高等学校の前身となる札幌第二中学校郷土研究部部員らが参加して活躍しました。同貝塚は本土の縄文時代にあたるオホーツク文化期の貝塚で、一九一八（大正七）年に地元研究者・米村喜男衛が発見して知られていたもので、一連の調査で住居跡、墓坑などが検出され、人骨や土器、骨角器なども出土しています。

一九五〇（昭和二五）年、小樽市の海岸で偶然海水浴にきていた札幌の中学生が発見したのが**フゴッペ洞窟遺跡**です。この中学生が、札幌南高等学校郷土研究部所属の兄に知らせたことから、翌年北海道大学などが本格的な発掘調査を実施し、八〇〇以上の「線刻画」

が発見されました。船や人物、動物などを描いたものや、列点など呪術的な要素も見られます。時期は続縄文時代に属し、卜骨も出土しています。

一九五二（昭和二七）年に発見されたのが**遠軽町白滝遺跡群**で、良好な黒曜石産出地として注目されていました。地元の遠間栄治が個人的に六〇年間に七〇〇〇点以上も収集し、同遺跡独特の「湧別技法」と呼ばれる旧石器技法を提唱しました。一九九五〜二〇〇三（平成七〜一五）年の自動車道建設工事に伴う調査では、なんと約四六〇万点以上の石器が出土し、実にその九割が黒曜石でした。事実、二章でも触れるように、この遺跡から出土した黒曜石は、青森県三内丸山遺跡でも大量に発見されています。

一九六四（昭和三九）年、**千歳市キウス周堤墓群**と呼ばれる縄文時代後期の墓遺構が発見されました。これは、直径数十メートルの環状竪穴遺構を構築し、その中に五〜二〇基の墓坑がつくられるものです。北海道内にこれまで五〇以上の類例が報告されています。

一九八〇年代に新千歳空港建設に伴い、複数年にわたって調査された**美沢川遺跡群**では、縄文時代後期から晩期の住居跡約三〇〇軒、墓坑一一〇基以上、周堤墓も一四基発見されています。単年だけで出土遺物量が五〇万点以上もあり、最終的な遺物量が予想以上になると思われています。

一九八二（昭和五七）年に発見された**苫小牧市静川遺跡**は、縄文時代中期の長さ一四〇メートルもの環濠で、面積は約一六〇〇平方メートルもの規模でした。この時代の環濠は全国的にも類例の稀なケースです。

一九八九〜九九（平成元〜一一）年、ダム建設に伴う発掘調査で発見されたのが**芦別市滝里安井遺跡**で、縄文時代前期から続縄文時代までの期間存続したものです。一七基発見された墓坑の中には、一二七点もの大量の黒曜石石鏃を出土した例や一三〇〇個以上の「琥珀製平玉」が出土した例も確認されています。

一九八七（昭和六二）年に国史跡となった**伊達市北黄金貝塚**は、縄文時代前期から中期の大規模な五か所の貝塚で構成されています。ハマグリ、カキ、ホタテなどと一緒にマグロ、ヒラメ、クジラ、オットセイの骨も発見されています。埋葬人骨も一四体出土していますが、シカの頭骨を副葬している例もあり、千葉県取掛西貝塚でも検出された同様の「送り場祭祀」があったようです。貝塚の灰内から発見された、長さ三三・四センチの「クジラ製骨刀」は世界最古の刀といわれています。これまで、全体の数パーセントしか発掘されていないので、今後の調査動向が注目されます。

一九九九（平成一一）年、**恵庭市カリンバ三遺跡**では縄文時代後晩期の土坑墓が三五基発見され、その三基から大量の「漆製品」が出土しました。漆塗りの櫛、腕輪、玉類など、その副葬品数が膨大だったため、現地での遺物採り上げができず、墓坑そのものを採り上げる処置をしました。近年では、遺構自体を凝固剤で固めて現地から博物館などに移動移送させる技術が進化しています。

二〇〇三（平成一五）年、道路工事に伴って**森町鷲ノ木遺跡**で、縄文時代後期の三重の環状列石が発見されました。一番外側の環状は長軸が南北三七メートル、東西三四メートルで、有名な秋田県大湯環状列石よりはやや小ぶりでした。同遺跡は近くの駒ヶ岳の火山灰で覆われていたため、たいへん良好な状態で残された遺構でした。このため、全国的な保存運動が起きて最終的に保存されることになった貴重な遺跡です。

二〇〇五（平成一七）年、北海道大学などの発掘調査で、**斜里町チャシコツ岬下B遺跡**からヒグマの四肢骨を使った動物儀礼跡が発見されました。時期的にはオホーツク文化終末期に属する遺跡で、ヒグマに関連した動物儀礼として全国的に貴重な事例といえます。

二〇〇九～一一（平成二一～二三）年、北海道新幹線関連工事で発掘された**福島町館崎遺跡**では、縄文時代前期から中期代の竪穴式建物五一棟、一〇〇以上の土坑と並んで厚さ一・五メートルもの「盛土遺構」が検出され、その中から九一万点以上の土器、四八万点以上もの石器が出土しました。それらの中に、長さ三七・一センチという国内最大の「岩偶」が発見されました。さらに、黒曜石製石鏃の中に長野県霧ヶ峰産があることが判明し、直線距離で六〇〇キロを超える交易となり、研究者の間に驚きを与えました。

4章 邪馬台国を証明する弥生の遺跡はどれか

考古学から見た邪馬台国の論点

『三国志』でよく知られている紀元後三世紀代の中国大陸では、魏・呉・蜀の三国鼎立争乱時代が日々続いていました。この時代が、倭国日本では、ちょうど弥生時代から古墳時代に移行する時期でもあり、その倭国内の動向が先記の『三国志』内『魏志』にかなり細かく記載されていました。

一般に『魏志倭人伝』(正確には、『三国志　魏書　東夷伝　倭人条』)と呼称される約二〇〇〇字の記事中には、倭人と呼ばれていた日本列島内に居住していた人々の生活、国家体制、社会状況などがかなり詳細に記述されていました。中でも、女王・卑弥呼が統治していた邪馬台国に関する記事は江戸時代から注目され、いわゆる「邪馬台国論争」を提起してきたのです。

考古学的な見地から「邪馬台国論争」を整理してみると、

◉邪馬台国の所在地……女王の居住記事から楼閣・城柵・宮殿など遺構を伴う遺跡がどこにあるのか

◉卑弥呼の墓……三世紀中葉(二四八年か二四九年)に没した卑弥呼の墓記事の規模や内

容に合致する墳墓は、どの墓が該当するのか
◉卑弥呼に下賜(かし)された物品……刀、剣と並んで総計五〇〇枚と明記されている鏡は、どの種類の鏡なのか

以上をはじめ複数の中国側文献に残された記事、例えば『後漢書(ごかんじょ)』中の「倭国大乱」など、この時代の日本を知る重要な問題が多数潜在しています。

このため、江戸時代から「古代史最大の謎」という重大な研究課題となってきています。

邪馬台国の所在地を示す遺跡

大阪府池上(いけがみ)・曽根(そね)遺跡は、一九五〇年代から大規模な弥生時代の集落遺跡として知られていました。当時は池上・四つ池遺跡と呼ばれていましたが、一九六四（昭和三九）年に第二阪和国道がバイパス建設により破壊されることになり、一躍有名になりました。とりあえず「盛土方式」で一部遺跡を保護する施策をとりましたが、約六〇万平方メートルにも及ぶ同遺跡が、いかに重要かということが再確認されました。

このため、一九九二（平成四）年から本格的な史跡整備に伴う発掘調査がおこなわれ、床面積一三三平方メートル、東西一九メートル×南北七メートルという東西方向に軸を持

つ大型建物と付随する井戸が発見されました。そこで、この残存していた一七本の建物柱根を、当時注目されていた新しい測定法である「年輪年代測定法」で計測したところ「紀元前五二年」という数値が示されました。

ところが一緒に出土した弥生土器のそれまでの年代観が紀元後一世紀であったため、両者に約一〇〇年のズレが生じてしまいました。この年代観の差異をどう見るかが、今、大きな課題となっています。

ところで、同遺跡からは高さ約一〇センチの「コップ状壺形土器」が大量に出土しています。これはタコ壺漁用の土器と考えられていて、小型がイイダコ用、やや大きめがマダコ用と推定されています。

近畿地方には他にも奈良県唐古（からこ）・鍵（かぎ）遺跡も邪馬台国時代の大環濠集落として戦前からよく知られていた遺跡です。戦後は一九七七（昭和五二）年から現在まで百何十次にわたり調査が実施されており、弥生時代中期には五〜六条にもわたる環濠が巡らせられ、その内部に大型建物群、木器貯蔵穴群、青銅器工房などが造られていました。

事実、出土品の中には「石製の青銅器鋳型」「土製鋳型外枠」「フイゴ口」「鉱滓（こうさい）」などがあります。大規模な青銅器製作集落があったことがわかります。そして、同遺跡を一躍

最古の古墳とされる奈良県箸墓古墳(著者撮影)

有名にしたのが「楼閣風建物絵画土器」です。現在ではその建物を模した復元楼閣が遺跡に建てられています。

同じく近年発掘調査成果が公表されるたびに、新知見が注目されているのが奈良県纏向（まきむく）遺跡群です。同遺跡は奈良盆地東南部にある南北約一・五キロ、東西約二キロの範囲の集落遺跡で、一九七一（昭和四六）年から二〇〇次以上の発掘調査が今日まで実施されています。その結果、三世紀前半の大型建物跡が整然と同一方向を向いて発見されています。一番大きな建物は床面積約二三八平方メートルで、これは当時国内最大級クラスです。これに、床面積約四二平方メートルと約二五平方メートルの建物が並んでいました。

この遺跡の特徴は、出土土器の中で瀬戸内海、

纒向型古墳の分布

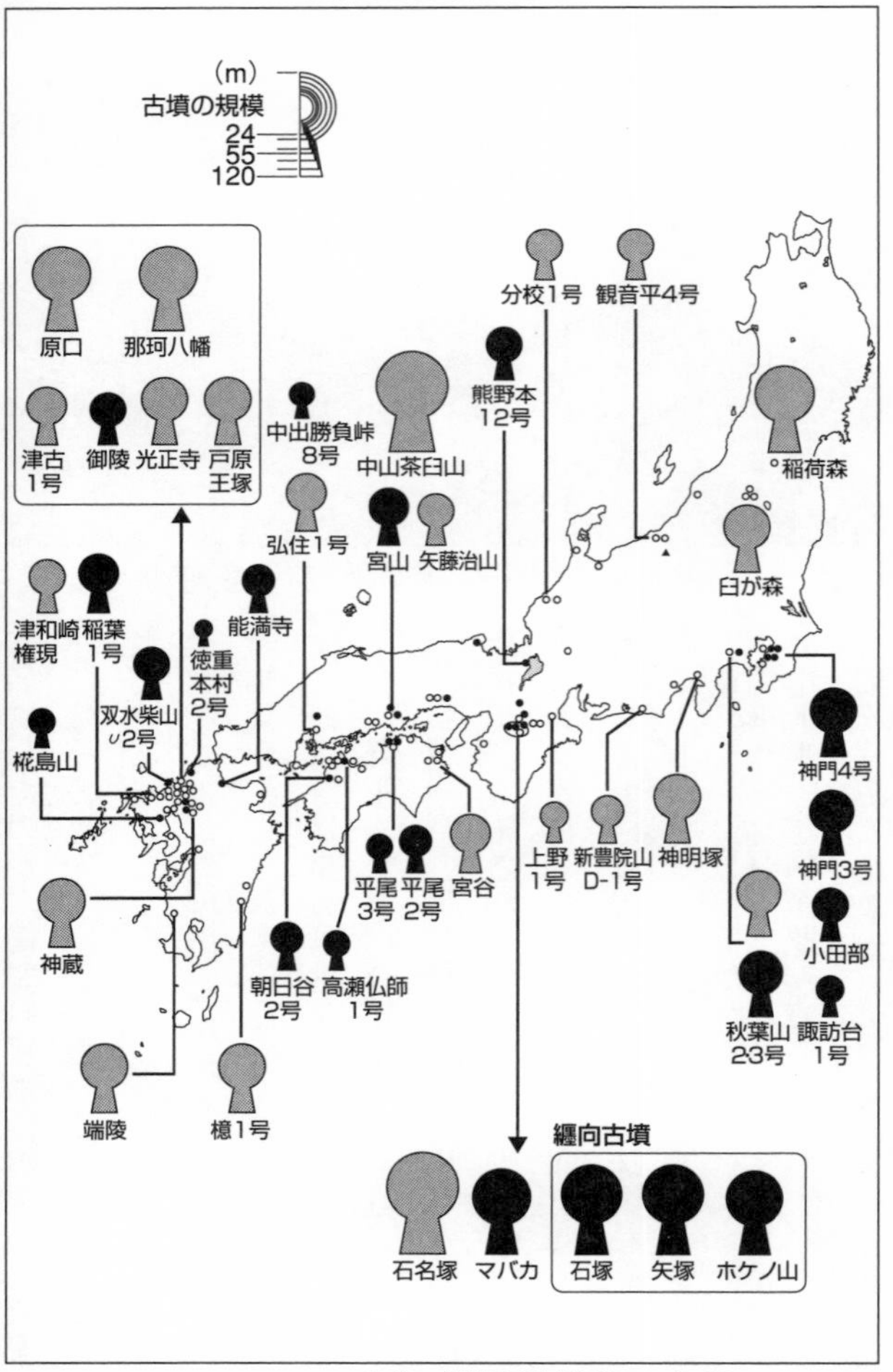

出典：『邪馬台国時代のいちはら』
(2016)市原市埋蔵文化財調査センター

東海、日本海側など全国の他地域から持ち込まれていた比率が約三割に近いという点と、遺跡範囲内に最古の古墳という箸墓古墳や三世紀代の「纒向型古墳」と呼ばれる古い墳墓が多数発見されている点です。

邪馬台国問題でも、近畿説側の有力候補遺跡としてがぜん注目されています。この遺跡も、現在まで一〇〇次以上の調査が実施されており、先の建物脇で出土した約二八〇〇個以上の「モモの種」を放射性炭素C14年代測定法で調べた結果、「西暦一三〇〜二三〇年」という数値が出ました。まさに、邪馬台国時代の範囲内となります。

問題のカギを握る「鏡」

一九二〇(大正九)年前後から京大系の研究者により、「三角縁神獣鏡」は中国・魏の鏡であることが指摘され、一九五二(昭和二七)年には同大・小林行雄によって「三角縁神獣鏡同笵鏡分有関係論」が提議されました。

これは、現在全国で発見される「三角縁神獣鏡」を詳細に観察すると、同じ鋳型で鋳造した「同笵鏡」が何種類もあり、この鏡が分配されている関係を説き起こすことで、中央の有力政治的権力者が各地域の首長に意図的に分配したとする説です。そして、この分配

三角縁神獣鏡（宮内庁所蔵）

に使用された「三角縁神獣鏡」こそ、魏から邪馬台国女王・卑弥呼が下賜された鏡群であるとしたのです。

この説を公表した翌年、京都府椿井大塚古墳が鉄道工事に伴って調査され、三二面もの「三角縁神獣鏡」や多数の鏡や金属製品が発掘されました。まさに偶然にも、小林が唱えた「分有論」を証明するような事例の古墳が発見されたのです。

その後、この鏡をめぐる問題は邪馬台国所在地論とリンクして多くの議論を高揚させていきます。

第一には「三角縁神獣鏡が本当に卑弥呼に下賜された鏡かどうかをめぐる」問題点。
第二には「三角縁神獣鏡の製作地をめぐる」問題点。
第三には「三角縁神獣鏡出土古墳に関する」問題点。
などが出てきました。

第一点については、現状において三角縁神獣鏡の分布状況から判断して邪馬台国近畿説を採るならば、畿内周辺の前期古墳から出土する鏡と同一鋳型で製作された鏡が地方で発見される事象で証明されると考えられています。一方、三角縁神獣鏡が下賜された鏡としない場合には、北九州などで発見される「前漢鏡」「後漢鏡」類がその候補として想定されます。

第二点については、中国本土でこの鏡が一面も確認されていない特異性の解釈が重要となります。近年、中国本土でこの鏡が発見されたという報道があり、日本から研究者が複数確認に現地へいきました。検分の結果、明確な賛否については結論が出ませんでした。もし、中国鏡と考える場合は、海外の朝貢国への「特別下賜専用特鋳鏡」とする説や、中国・呉の鏡工人が別地点で製作したと考える説などが出ています。

そのような折、一九八六（昭和六一）年に京都府広峯一五号古墳から「景初四年」銘鏡が出土しました。実は、魏の元号である「景初」は三年で終わり、翌年は「正始」と改元されています。つまり、この鏡の製作者は魏の改元を知らないか、改元が知らされないところにいた可能性が出てきたのです。ここに、この問題についてもまた新たな謎が増えました。

第三点については、卑弥呼にもし下賜されたとすれば、三世紀中葉から後半に邪馬台国に運ばれたはずですが、現在発見される多くの三角縁神獣鏡が四世紀代の古墳出土が主流なので、この時間差を、「伝世」と見るか、大和政権の支配権確立後に地方の王へ「権威の象徴」として分配したと見るか諸説が提起されています。

一方、九州では朝鮮半島楽浪郡から常時多くの「中国鏡」が流入してきています。鏡の大きさやその量が、当時の九州における首長層の権力基盤を反映していたと考えられています。福岡県須玖岡本、同三雲南小路遺跡の甕棺墓には大型中国鏡類が副葬されていました。その後も、日本最大規模の鏡を複数出土した福岡県平原遺跡のように、同地域における中国鏡の発見は今も続いています。卑弥呼の下賜した「鏡」もこれらの延長上の品と考えられています。

金印の真贋論争

邪馬台国問題で古くから注目されていた遺物が、江戸時代に福岡県志賀島で発見されていた、いわゆる国宝「倭奴国金印」です。

天明四（一七八四）年、志賀島の水田溝を改修中、地元の百姓・甚兵衛が偶然発見し、福岡藩に届け出た折、同藩の碩学・亀井南冥がこの印章に刻まれていた印字を中国の古印と断じ、『後漢書』に記載ある「建武中元二年、倭奴国に使いできた使者が持参した金印」

としたのです。次いで中国出土の「広陵王璽」印との類似が指摘され、さらにこの金印と同じつまみの「滇王之印」が中国で発見されたことが追い風になり、この印が奴国王に渡された本物の金印という説が定説となったのです。

ところが、読み方自体も「奴国」ではなく「委奴国」と読み、違う国だとする諸説も提起されてきました。さらに、出土状況が判然としないことから、いわゆる「真贋論争」が何回も出てきました。

「贋作派」は、文字の端部が太くなる傾向があり、これは中国の明・清代以降の特徴、出土状況が不明曖昧、類似性が強調された「広陵王璽」印とは溝の彫り方が大きく異なることなどが根拠となっています。一方、「真作派」は、文字の特徴が後漢のそれと類似している点、紐の形が他の国に下賜した例と同じである点、金印の金含有率九五パーセントが他の印と一緒という根拠です。

二〇〇〇年代になってもこの論争が再燃し、後世の偽造説を金工学者たちが唱えると、これに対して考古学側の反論が展開され、文字の形も後漢限定、金属組成も同時代と同じ、文字配列も同時代と同じとしています。

このように、まだ金印真贋論争は結論を見ていませんし、この結果次第で「邪馬台国論争」にも影響を与えます。

倭国大乱と硯に残された漢字

先にも触れたように、韓国でも検丹里(けんたんり)遺跡のように集落の周囲に深い環濠を設置する遺跡が報告されています。日本と同様に、争乱戦争状態が起こっていた可能性が指摘されています。

島根県田和山遺跡では、何千個もの「石つぶて」が出土しています。三~四重に囲まれた高地性集落で日本海を望む景観の地に、争乱の痕跡が明瞭に残っています。この田和山遺跡だけでなく、日本海側の弥生遺跡から近年「石硯(せきけん)」「板石硯」の出土が多く報告されています。さらに、その中には「石硯」表面に文字の跡が発見されています。すでに述べたとおり「子戊」と読める墨で書かれたような文字で、現在日本最古の文字と考えられています。これまで、「石硯」は全国二〇〇か所以上で発見されていますので、今後詳細な分析によっては「文字発見例」が増加する可能性が高いと思われます。

高地性集落の例として一九七八(昭和五三)年以降、三年かけて調査された兵庫県奈カリ与遺跡では、丘陵部に三~四棟の小集落が五群発見され、さらに井戸跡も見つかっています。かつての高地性集落の飲料水確保の謎が解けました。

滋賀県惣山・京ケ山遺跡では海抜一七〇メートルクラスの丘陵上に「のろし台」と住居跡がセットで検出されました。軍事争乱時の軍事連絡センターの役割をもった集落と考えられています。

一九七四（昭和四九）年、京都府扇谷遺跡の発掘で、弥生時代前期末から中期にかけての高地性集落が発見されました。二つの尾根にまたがる長さ五〇〇メートル、幅四～五メートル、深さ五メートルの巨大な環濠が検出されたのです。多くの鉄製品などが出土しているため、垂直な濠を鋭利な鉄器で構築していたのではないかと考えられています。

紀元後二世紀代に記録されている「倭国大乱」の考古学的遺物証拠としては、戦乱に使用した武器類、戦死したと思われる人骨、石鏃など打ち込まれていた人骨（全国で一〇〇例以上）などがあげられます。

大阪府山賀遺跡では、弥生時代中期の木棺墓で発見された男性人骨に、なんと五本ものサヌカイト製石鏃が射込まれていました。脇腹に二本、下腹部に一本と深く射込まれていたため、戦士の墓という想定もされています。

先にも触れた鳥取県青谷上寺地遺跡では、合計五二〇〇点の人骨が出土し、その中に頭骨に殺傷痕がある例、銅鏃が刺さった例などがあり、出土状況から明らかに戦乱争乱で殺された犠牲者を投げ込んだ跡と見ることができます。

佐賀県吉野ヶ里遺跡でも首なし人骨、福岡県スダレ遺跡では脊椎に石剣の先が突き刺さった男性人骨が発見されていますので、この時期の争乱状態がよくわかります。

南西諸島・沖縄の戦後考古学のあゆみ　コラム

太平洋戦争後、沖縄諸島はアメリカ軍を中心とする連合国軍の軍政下におかれていましたが、一九七二（昭和四七）年、やっと「本土復帰」となりました。

これで、文化財行政も本土と同じ法令、基準で進捗することになりました。現在までの知見では、北部圏となる種子島・屋久島、中部圏の沖縄諸島・奄美諸島、南部圏の宮古島・八重山諸島という三分割が想定されています。

北部は原則的には縄文時代から弥生時代までの変化は原則的に九州地方と同じもので、一九五〇年代の早い時期から奄美諸島**宇宿貝塚**、**兼久貝塚**の調査を実施し、二〇〇〇年代に入っても屋久島などの調査が精力的におこなわれています。

一九五七（昭和三二）～二〇〇六（平成一八）年まで調査された**種子島広田遺跡**では一五七体の人骨と、四万五〇〇〇点以上の貝装身具類や貝符などが出土しました。使用した貝類は、オオツタノハ、ツノガイ、ノシガイ、イモガイ、マクラガイなどで、中でも大型イモガイは沖縄伊江島産でした。

一九六二（昭和三七）年、まだアメリカ治政下時代にコザ市（現・沖縄市）の神事をおこなっていた民間女性が偶然、洞窟内からシカの化石骨を発見したのが**山下町第一洞窟**です。その後の調査で、約三万二〇〇〇年前の石器類を検出し、同じ時期の人骨三点も発見されました。この時点で、古い人骨と石器が同地点で出土したのは初例で、たいへん貴重な類例でした。

中部圏で特筆される成果は、1章でも触れた沖縄本島具志頭港川での「港川人骨」発見です。これは、地元の民間研究者・大山盛保が一九六七（昭和四二）年、石灰岩崖から約一万八〇〇〇年前と推定される多数の人骨を発見し、その後男子一体、女性四体と確認しました（最終的には十数体分となりました）。

一九七〇（昭和四五）年、**伊江島具志原貝塚**では砂丘上の貝塚から、沖縄で初の弥生式土器が出土して注目されました。他にもゴウボラ貝製品など貝製品類の出土状況から、貝交易が隆盛していたことがわかります。

一九七四（昭和四九）年、沖縄市ゴザ中学校の中学生が偶然土器片を発見して注目されたのが、**沖縄市室川貝塚**です。約六七〇〇年前の九州曽畑式時期に該当する遺跡で、その後一九七八（昭和五三）年まで五次の発掘調査が実施されています。土器片が多数出土しましたが、すべてが小破片だった点が特徴的です。

一九九六（平成八）年から数年にわたる発掘調査で、**浦添市ようどれ**と呼ばれる琉球王朝初期の王陵の姿が解明されました。崖部に墓室を掘って、王および一族の遺体を安置したもので、骨を洗って納めた石棺などが発見されました。

二〇〇〇（平成一二）年、沖縄のグスク遺構が世界遺産に登録されました。日本で一一番目の遺産登録です。**今帰仁**（なきじん）、**勝連**（かつれん）、**中**（なか）、**首里城**、**玉陵**（たまうどん）など九遺跡が遺産指定されました。約六〇〇年前の琉球王国時代に沖縄本島が北山（ほくざん）、中山（ちゅうざん）、南山（なんざん）の三山時代に築造されたグスク群が中心です。このうち、今帰仁城は一九八〇（昭和五五）年の調査で、朝鮮、中国、東南アジア（タイ・ベトナム）産の焼き物、青磁、白磁類が多数出土しました。一般にはグスクからは地元産の土器類が出土しますが、ここでは外国産のそれも高級磁器類が出土している点、海外との活発な交易事情がよくわかる成果です。

二〇〇九（平成二一）年、**宮古島平良長墓遺跡**（ひらながばか）で、約二二〇〇年前の人骨やシャコ貝製貝斧、装身具類が出土しました。中でも、シェルデスクと呼ばれるイモガイの頭部を輪切りにして円形部を加工したものは、美麗な装身具です。

二〇一〇（平成二二）年、今帰仁の**長根原遺跡**（ながねばる）の発掘調査で、沖縄では希少な縄文時代後期の住居跡が検出され、石斧、石皿や土器片などが出土しました。

南城市（なんじょう）**サキタリ洞窟**では、二〇一三（平成二五）年、約八〇〇〇年前にあたる縄文時代早期の土器が出土しました。一緒に発見された「カタツムリ殻」を放射性炭素C14年代測定法で分析した結果の年代です。この土器表面には「押引文」が確認されましたが、従来沖縄で発見されていた古い土器には「南島爪形文」か「無文」が主流だったことから、その違いが注目されています。

また、同年**うるま市平敷屋トウバル遺跡**から縄文時代後期代の土器文様を線刻した「石版」が発見されました。大きさは全長約八〇センチ、最大幅約二〇センチの砂岩製で土器の口縁端部を示すような線刻が描かれていました。同年新石垣空港に関連する工事で発見された**白保竿根田原遺跡**から出土した人骨の年代を測定した結果が二〇一六（平成二八）年に公表され、わが国最古となる約二万六〇〇〇年前という数値が示されました。

二〇一九（令和元）年、那覇空港自動車道に関連した**鏡水水溜屋原B遺跡**では縄文時代後期のピットや土坑が一九〇基発見され、ピット内から柱穴も多数検出され、その遺構の意味が注目されています。同年宜野湾市**伊佐伊利原遺跡**では縄文時代中期から後期の包含層が検出され、大量の貝が落ち込まれた跡も発見されています。

ところで、最新の研究では沖縄諸島で縄文時代後期以降出土する黒曜石の原産地が佐賀県腰岳産が主流であることが科学分析で指摘されています。腰岳は他の黒曜石産地である大分県姫島より距離的には遠隔ですが、その良質さが好まれたようです。

5章 考古学の成果と未来への課題

縄文の円形指向と弥生の方形指向

これまで見てきたように、縄文時代の代表的な遺構は「環状盛土遺構」「ストーンサークル」「環状貝塚」という原則的には「円形」設計指向が強いようです。

秋田県大湯遺跡を詳細に見ると、墓遺構であるが最初から円形設計を念頭に長年かけて造作していったようです。

このような指向性は縄文時代のさまざまな場面で指摘されています。

一方、弥生時代になると「小区画方形水田」「方形周溝墓」という「方形」指向の顕著さが見られています。

水稲稲作を保有していた集団は、大陸半島からこの生業を伝播した初期段階から「方形」指向が強かったようです。「水田」「墓」ともかなり早い段階から設計されたようで、大阪府安満(あま)遺跡などの成果を詳細に分析してみると、かなりグランドデザインを保持しての集落形成を始めたようです。

阪神淡路大震災と埋蔵文化財調査

一九九五（平成七）年一月、阪神地域をマグニチュード七・三、震度七の大地震が襲いました。阪神淡路大震災です。この地震では、神戸市立博物館、芦屋市立美術博物館や辰馬（たつうま）考古資料館（辰馬酒造が設立した公益財団法人）など、関西地区の博物館施設が大きな被害を受けました。

地震後の混乱状況がある程度収まるにつれ、復興から復旧への事業として崩壊した都市部から郊外部への移転事業が計画されました。この事業に伴って、郊外部の新家屋建設予定地をはじめ崩壊地の再興建設地の埋蔵文化財調査が課題となってきたのです。「文化財保護法」では周知の遺跡での開発行為に対して埋蔵文化財調査が義務づけられており、当然、高地上に復興住宅を建設する以上、発掘調査に該当する遺跡数がかなりの数となったのです。そのため、該当する地域の埋蔵文化財担当者数では、それだけ多くの遺跡数の調査は困難となる状況が予想されました。

そこで、この状況を打開するため文化庁は、過去にも例のある臨時措置を取りました。その例とは、一九七四〜七九（昭和四九〜五四）年間に滋賀県服部遺跡（大規模河川改修工事に伴う弥生時代から平安時代までの複合遺跡、弥生〜古墳時代の方形周溝墓群が注目）の調査で実施された他府県からの「埋蔵文化財調査員派遣」という臨時措置で、阪神淡路大震災の対応でも、全国的な規模で展開されました。この措置は、埋蔵文化財調査の進捗(しんちょく)に貢献しただけではなく、その後現地で交流した他県の埋蔵文化財担当者間の連携が強くなったことが報告されています。

二〇一一（平成二三）年三月一一日に起こった「東日本大震災」でもこの措置が再度実施され、首都圏のみならず奈良文化財研究所など関西圏からも延べ九二名という多くの埋蔵文化財担当職員が東北地方に向かいました。福島県を例に見ると、北から南狼沢(みなみおいざわ)A、向山(むかいやま)・庚申向(こうしんむかい)A、南羽黒平(みなみはぐろだいら)、天化沢(てんがさわ)A、五畝田(ごせた)、南代(みなみだい)遺跡などが調査されました。これら復興調査に伴う現地説明会は岩手、宮城、福島三県で一〇〇回以上、延べ一万四〇〇〇人の参加者を数えています。

「地震考古学」の誕生

ところで、阪神淡路大震災では新たな考古学研究分野も注目されるようになりました。それが「地震考古学」と呼ばれる新しい分野です。「地震考古学」とは寒川旭(さんがわあきら)氏が提唱した研究分野で、遺跡の地層に残っている「噴砂」「断層」「土面ズレ」など地震の痕跡から、いつの時代のどの地震であるかを推定するものです。この研究が進むと地震予知の研究にも貢献することができ、今後の動向が注目されています。一九九九（平成一一）年、兵庫県高松町遺跡で一五九六年の伏見大地震の液状化現象や噴砂が確認され、この地震が阪神淡路大震災クラスの規模を持っていたことが推定されています。この地震時、蟄居を命じられていた加藤清正が崩壊していた伏見城に一番乗りで登城し、淀君と豊臣秀頼を安心させた逸話が残っています。

現在では、全国の発掘調査で「地震痕跡」が数多く報告されています。「東日本大震災」復興に伴う仙台市荒井広瀬遺跡の弥生時代中期の地割れ溝内で石器が出土しています。約二〇〇〇年前に起こった今回の東日本とほぼ同程度の大地震の地割れ溝に石器が挟まっていたことになります。大地震は繰り返すという良き証拠です。

神奈川県でも藤沢市市内の慶應義塾大学藤沢キャンパス内遺跡や本在寺遺跡で顕著な弥生時代に起こった地震跡が発見されています。同市二伝寺砦遺跡では、弥生時代後期の二〇軒の住居跡中一七軒で激しい地割れと断層跡が確認されています。とても、住み続けられる状態ではなかったようですが、弥生人らは二軒だけ床を貼り直して継続使用していたことがわかっています。弥生人の根性を見せられたような事象です。

この「地震考古学」と並んで、最近注目されているのが「火山灰考古学」です。日本列島は火山列島のため、古くより全国各地で火山噴火が起こっています。江戸時代の天明年間の一七八三年、上野国浅間山が大噴火を起こし、麓の村が火砕流に襲われました。逃げる途中に犠牲になった親子二名が発掘調査で発見され、日本のポンペイといわれました。

古くは、約三万年前に起きた姶良火山噴火は過去一二万年の中で日本列島内最大噴火といわれ、現在の鹿児島湾をつくる姶良カルデラを形成し、当時の九州旧石器人を壊滅させた元凶といわれています。しかも、この噴火火山灰は遠く関東地方にも降下し、現在でも関東各地の発掘調査遺跡で散見されます。

つまり、このような火山灰層を遺跡土層で確認することで、層位内での「絶対年代」を認定することができます。これが「火山灰考古学」です。

群馬県有馬条理遺跡では、六世紀に起こった二度の榛名山噴火にも負けず、人々が集落を再建してきたことが発掘調査で解明されています。

遺跡保存運動とマスコミ

新聞などのマスコミは、単に遺跡遺物発見の第一報を伝えるだけではなく、その後の地道な続報で広く多くの人々に埋蔵文化財の重要性や発掘調査の状況を指摘してきました。

古くは一九六〇（昭和三五）年、奈良県の平城宮跡で私鉄操車場建設の計画発表を契機に、現在では広く知られている「ナショナルトラスト」運動の先鞭をつけるべく保存運動を民間人有志が起こし、これがのちの「奈良国立文化財研究所」創設へとつながりました。

続く一九六八（昭和四三）年、静岡県伊場（いば）遺跡で同じく国鉄電車基地建設に伴う保存運動が起こりました。戦後まもない時期に地元中学生が弥生土器を拾って、この遺跡が知られました。その後の発掘調査で、大量の土器、木製品、炭化米なども発見され、同県登呂遺跡に比肩（ひけん）する農耕集落と推定されました。保存運動も活発化し、最後は裁判にまで進展しました。その後も貴重な遺跡と保存運動は各地で現出します。

一九八〇（昭和五五）年、中央自動車道建設に伴い、山梨県釈迦堂遺跡の発掘調査が実施され、縄文時代前期から平安時代に至る集落遺構が検出され、多数の竪穴式住居跡と一緒になんと一〇〇〇点以上の「土偶」が出土しました。これを受けて、保存問題が協議され、最終的にパーキングエリア建設と付設の博物館新設が決まりました。

一九八九（平成元）年の佐賀県吉野ヶ里遺跡は、弥生時代の大遺跡として「邪馬台国が見えてきた」、そして一九九四（平成六）年の青森県三内丸山遺跡は「縄文王国の存在発見」と、本来ならば大規模な公共事業によって調査後破壊される予定の大遺跡が考古学側とマスコミ側との絶妙な協調体制で「保存」「活用」へと転機を構成した好例としてあげることができます。

しかも、吉野ヶ里遺跡では公表されてわずか五か月で一〇万人を超す来訪者を数えるという予想をはるかにしのぐ状況で、現地の経済活況はのちに「観光考古学」と呼ばれる新分野まで誕生させています。現在では、佐賀吉野ヶ里ではＪＲ九州が遺跡近くに新駅まで建設しています。

一方、東北自動車道青森インターを降りて三分という好立地の青森三内丸山遺跡でも予想以上の経済効果を引き起こし、大型バスが日々駐車場を埋める状況となり、これが「世界遺産」登録への後押しとなったようです。

このような遺跡の保存が多くの国民の関心興味を引き出す要素として、重要なファクターになりうることが徐々にわかってきました。そこで、二〇一九（令和元）年には「観光考古学会」が発足しました。今後、考古学の遺跡と観光が有機的に連携していくことが大いに期待されています。

考古学の歴史学に対する貢献度

かつて「考古学」は「歴史学の補助学」と位置づけられていました。つまり、王道の歴史研究を進めるために、周辺からサポートする役目が第一義と考えられていたのです。

しかしながら、近年は考古学的手法（発掘調査、土層分析、遺構調査、遺物分類、科学的分析）を駆使して、文字史料も残る歴史時代の研究にも大いに貢献してきています。

二〇二〇（令和二）年、京都市で豊臣秀吉が最後に築城した「京都新城」跡が発掘調査され、その遺構が発見、周囲からは紋入りの金箔瓦なども出土しました。

かつては、東京汐留（しおどめ）地区の再開発で、旧新橋駅駅舎、プラットホーム、転車台などが発掘されて話題となりました。本書でも触れた、現在保存問題で揺れている「高輪築堤（たかなわちくてい）」遺跡も同じ明治時代鉄道遺跡です。

このように、かつて「文字のない時代」専門と思われていた考古学が、中世も、近代も、さらには現代の遺跡にも有効活用されています。

そして、過去の「歴史学」と「考古学」の関係に近い、「自然科学」が「考古学」分野で重要なウエイトを占めるようになってきています。発掘調査された遺物類を、さらに詳細綿密に分析する文化財科学という新境地が、驚きの成果をあげています。「弥生開始年代が五〇〇年古くなる」「縄文土器は世界最古の土器」などはこの成果の一つです。

考古学の世界は、まだまだこれから、ワクワク感が止まらない勢いです。

戦後考古学の一〇大ニュース

最後に、戦後発見された重要重大な遺跡を私見であげました。本書のテーマである縄文・弥生に関する発見については、解説を補足しました。さらなる興味へのきっかけになれば幸いです。

1　群馬県岩宿遺跡　初の旧石器文化解明

2　静岡県登呂遺跡　初の弥生ムラ全貌発見

国特別史跡。一九四三（昭和一八）年、戦闘機のプロペラ製造軍需工場建設工事で偶然土器や木器が多数発見され、戦時中ながら短期間の発掘調査を実施。その結果、住居、倉庫、水田跡を発見しました。戦後、一九四七（昭和二二）年から三年間本格的な発掘調査が、戦地から復員した多くの考古学研究者の手で開始され、さらに地理学、動物・植物学、建築学の専門家も参加しての調査でした。

その結果、一二棟の住居跡、二棟の高床倉庫、八ヘクタールの水田跡が発見されました。一九六五（昭和四〇）年、東名高速道路建設に伴い、急きょ建設工事の設計変更をし、橋脚距離を延ばす処置がなされました。その後、再調査で水田域の広がりも確認され、二〇一〇（平成二二）年、新博物館開館となっています。

3　奈良県平城宮跡　国が本格的に発掘調査体制確立

4　千葉県加曽利貝塚　日本最大規模の大貝塚

国特別史跡。東京湾周辺に所在する直径一〇〇メートルを超える、貝塚でも最大の遺跡です。一九二四（大正一三）年初めて発掘され、「加曽利E式」「加曽利B式」命名の基準となりました。これは縄文中期から晩期まで約二〇〇〇年以上営まれた集落遺跡です。直径一四〇メートルの環状北貝塚、長径約一九〇メートルの馬蹄形南貝塚で構成されています。これまで、竪穴式住居が一四〇軒以上、約二〇〇体の人骨、埋葬イヌ骨なども発見されています。出土した貝の種類は約七〇種で、イボキサゴという小型巻貝が約八割でした。現在、特別史跡指定に伴う再発掘調査が実施されています。

5　広島県草戸千軒跡　中世商業町の全貌が明らかになる

6　群馬県黒井峯遺跡　火山灰に封入された古墳ムラが発見される

7　島根県荒神谷・加茂岩倉遺跡　大量青銅品出土

国史跡・荒神谷遺跡は一九八四（昭和五九）年、林道工事で偶然発見されました。四段のテラス状にカットした平坦地に三五八本の銅剣が整然と並べられていました。その後、周辺をレーダー探査したところ、銅鐸六個と銅矛一六本も発見されたのです。この銅剣の本数は、それまでの全国で確認されていた総本数に匹敵するものでした。

国史跡・加茂岩倉遺跡は荒神谷からわずか三キロしか離れていない地点の遺跡で、一九九六（平成八）年、林道工事で偶然三九個の銅鐸が発見されました。それまで一番多い出土例が一遺跡二四個だったことからも、驚異的な大発見でした。

8　佐賀県吉野ヶ里遺跡　巨大弥生環濠集落の発見

国特別史跡。一九八六（昭和六一）年、県営工業団地造成事業で発見された弥生時代の総面積約四〇ヘクタール規模の何重にも巡る巨大環濠集落。大量の土器、石器や種々の遺構も多数発見されています。二基の墳丘墓の一つからは、把頭飾付き有柄細形銅剣やコバルトブルーガラス管玉（くだたま）なども出土しました。甕棺墓も総数二〇〇〇以上、人骨も三〇〇体以上も発見され、その中には首を切断されたまま埋葬された例もありました。紀元前一世紀から紀元後二世紀に隆盛の大集落です。

9　青森県三内丸山遺跡　縄文像を大変革させた集落

国特別史跡、世界遺産。一九九二（平成四）年、サッカーワールドカップ関連で、県営野球場新設工事で発見された遺跡。江戸時代から周知の遺跡だったため、大量遺物出土が予想され、事実何十万点もの土器、石器類が現在までに出土しています。全面積三五ヘクタールのうち、三割ぐらいしか調査されていませんが、縄文時代前期から中期まで約一五〇〇年近く定住されていた集落でした。

出土遺物を分析すると、新潟県糸魚川産翡翠(ひすい)、北海道白滝産黒曜石、岩手県産琥珀(こはく)、秋田県産アスファルトなども確認されており、広範囲の交易がおこなわれていました。さらに注目されたのが、周辺でクリやヒョウタン、ゴボウなど栽培植物類が多数発見され、縄文生業に「栽培」行為があったことが証明されました。

10　奈良県高松塚、キトラ古墳　極彩色壁画発見の古墳

今後のさらなる発見・進展に期待したいと思います。

●参考文献一覧

書籍やパンフレットを中心に挙げ、各遺跡の発掘調査報告書などは割愛させていただきました。

1981～2016『東邦考古』五～四〇　東邦考古学研究会
1991『原始・古代日本の墓制』山岸良二編　同成社
1996『関東の方形周溝墓』山岸良二編　同成社
1997『土井ヶ浜遺跡と弥生人』人類学ミュージアム
1999『桜井の弥生時代』桜井市立埋蔵文化財センター
2000～2021『発掘された日本列島』文化庁編　年度により朝日新聞出版、共同通信社など
2021『環濠をもつムラ　飛鳥山遺跡』北区飛鳥山博物館
2002『卑弥呼の時代と八尾』八尾市立歴史民俗資料館
2004『原始・古代日本の集落』山岸良二編　同成社
2004『時空をこえた対話　三田の考古学』慶應義塾大学文学部民族学考古学研究室編　六一書房
2005『方形周溝墓研究の今』椙山林繼・山岸良二編　雄山閣
2006『古代史の謎はどこまで解けたのか』山岸良二　PHP新書
2006『丹後地域の弥生墳墓』埋蔵文化財セミナー資料
京都府教育委員会
2007『原始・古代日本の祭祀』椙山林繼・山岸良二編　同成社
2007『日本考古学は品川から始まった』品川区立品川歴史館
2008『縄文時代のはじまり』小林謙一・国立歴史民俗博物館編　六一書房
2011『縄文人祈りのDOGU』大館郷土博物館
2011『歴史発掘　おおさか』大阪府立近つ飛鳥博物館
2011『研究最前線　邪馬台国』石野博信・高島忠平・西谷正・吉村武彦編
朝日新聞出版
2011『大地に刻まれた藤沢の歴史Ⅲ』藤沢市教育委員会
2013『掘ってわかった信州の歴史』長野県埋蔵文化財センター
2014『新版　入門者のための考古学教室』山岸良二　同成社
2015『クローズアップ!日本の歴史1　縄文人と弥生人』山岸良二監修　ポプラ社
2016『邪馬台国時代のいちはら』市原市埋蔵文化財調査センター
2016『縄文人の精神』盛岡市遺跡の学び館
2016『北東アジアの中の弥生文化』西谷正　梓書院
2016『ここまで変わった日本史教科書』高橋秀樹・三谷芳幸・村瀬信一　吉川弘文館
2017『歴史REAL　邪馬台国』洋泉社
2018『沖縄の旧石器時代が熱い!』国立科学博物館

2018『船橋市取掛西貝塚(七)』船橋市教育委員会
2019『太田微高地の人びとのくらし』桜井市立埋蔵文化財センター
2019『湯川村桜町遺跡が語る1800年前の会津の激動』石川日出志　福島県湯川村
2019『纒向考古学通信』第十三号　桜井市纒向学研究センター
2019『ここが変わる！日本の考古学』藤尾慎一郎・松木武彦編　吉川弘文館
2019『考古学講義』北條芳隆編　ちくま新書
2019『おにぎりの文化史』横浜市歴史博物館監修　河出書房新社
2019『ふじのくに　考古通信』第十六号　静岡県埋蔵文化財センター
2019『御所市中西遺跡第三十一次調査』奈良県立橿原考古学研究所
2020『炎を操る』桜井市立埋蔵文化財センター
2020『遺跡を科学する』桜井市立埋蔵文化財センター
2020「弥生時代の玉と玉生産」『考古学ジャーナル』七三九号　ニューサイエンス社
2020「分析科学と考古学」『考古学ジャーナル』七四三号　ニューサイエンス社
2020『埋文さいたま』第六十三号　埼玉県教育委員会
2020『弥生青銅の島展』玉青館
2020「今日の土偶研究」『考古学ジャーナル』七四五号　ニューサイエンス社
2020『いにしえの河をのぼる』同製作委員会
2021『発掘帖』三十五号　かながわ考古学財団
2021『近畿最初の弥生人』大阪府立弥生文化博物館
2021『黎明』滋賀県立安土城考古博物館
2021『米を作ると社会が変わる? 中里遺跡の〝弥生的〟生活の始まり』小田原市教育委員会
2021『大岩山銅鐸の形成』野洲市歴史民俗博物館
2021『繁栄の池上曽根遺跡』大阪府立弥生文化博物館
2021『東奈良遺跡発見50周年記念』茨木市立文化財資料館
2021『縄文2021』東京都江戸東京博物館
2021『はじめての考古学』松木武彦　ちくまプリマー新書
2021『イヌと縄文人』小宮孟　吉川弘文館
2021シンポ『方形周溝墓を考える』東京都埋蔵文化財センター
2022「海と弥生文化」『考古学ジャーナル』七六三号　ニューサイエンス社
2022『縄文vs.弥生』設楽博己　ちくま新書

●協力者
鈴木敏弘　坂本和俊　堀越正行　辻尾榮市　松本岩雄　廣江耕史　加藤光臣　桑原隆博　梅咲直照　酒巻忠史　小中美幸　山岸眞美子　東邦考古学研究会

ここまで解けた 縄文・弥生という時代

2022年５月20日　初版印刷
2022年５月30日　初版発行

著者◉山岸良二

企画・編集◉株式会社夢の設計社
東京都新宿区山吹町261　〒162-0801
電話（03）3267-7851（編集）

発行者◉小野寺優

発行所◉株式会社河出書房新社
東京都渋谷区千駄ヶ谷2-32-2　〒151-0051
電話（03）3404-1201（営業）
https://www.kawade.co.jp/

DTP◉イールプランニング

印刷・製本◉中央精版印刷株式会社

Printed in Japan ISBN978-4-309-50436-0

河出書房新社

荘園から読み解く中世という時代

武光 誠

神・天皇・貴族・武家…
土地は誰のものか?
荘園がわかれば
日本史がつかめる!